기독교문서선교회 (Christian Literature Center: 약칭 CLC)는 1941년 영국 콜체스터에서 켄 아담스에 의해 시작되었으며 국제 본부는 미국 필라델피아에 있습니다. 국제 CLC는 59개 나라에서 180개의 본부를 두고, 약 650여 명의 선교사들이 이동도서차량 40대를 이용하여 문서 보급에 힘쓰고 있으며 이메일 주문을 통해 130여 국으로 책을 공급하고 있습니다. 한국 CLC는 청교도적 복음주의 신학과 신앙서적을 출판하는 문서선교기관으로서, 한 영혼이라도 구원되길 소망하면서 주님이 오시는 그날까지 최선을 다할 것입니다.

인플루언서 여성
비대면 시대 평범한 크리스천 여성들의 영향력

The Influencer Woman
Written by Unkyong Shim
All rights reserved.
Korean Edition Copyright ⓒ 2021 by Christian Literature Center, Seoul, Korea.

인플루언서 여성
비대면 시대 평범한 크리스천 여성들의 영향력

2021년 7월 11일 초판 발행

지 은 이	|	심은경
편 집	|	박경순
디 자 인	|	이지언, 서민정
펴 낸 곳	|	(사)기독교문서선교회
등 록	|	제16-25호(1980.1.18.)
주 소	|	서울특별시 서초구 방배로 68
전 화	|	02-586-8761~3(본사) 031-942-8761(영업부)
팩 스	|	02-523-0131(본사) 031-942-8763(영업부)
이 메 일	|	clckor@gmail.com
홈페이지	|	www.clcbook.com
송금계좌	|	기업은행 073-000308-04-020 (사)기독교문서선교회
일련번호	|	2021-75

ISBN 978-89-341-2316-3 (03230)

이 책의 저작권은 저자가 소유하며, (사)기독교문서선교회는 *La mujer influencer* 한국어 번역물(2차 저작물 포함)에 한해 출판권을 갖습니다. 신저작권법에 의하여 한국 내에서 보호받는 저작물이므로 무단 전재와 무단 복제를 금합니다.

The Influencer Woman

인플루언서 여성

비대면 시대 평범한 크리스천 여성들의 영향력

심은경 지음

목차

감사의 글	6
프롤로그	7

제1부 인플루언서 엄마 — 14
- 제1장 무명의 여인 요게벳 · · · · · · · · · · · · · 15
- 제2장 젖을 먹이라 · · · · · · · · · · · · · 26
- 제3장 하나님의 딸 · · · · · · · · · · · · · 41

제2부 인플루언서 사역자 — 55
- 제4장 그때 · · · · · · · · · · · · · 56
- 제5장 이스라엘의 어머니 · · · · · · · · · · · · · 67
- 제6장 여인의 영광 · · · · · · · · · · · · · 78

제3부 인플루언서 아내 — 86
- 제7장 아브람이 장가들었으니 · · · · · · · · · · · · · 87
- 제8장 돕는 배필 · · · · · · · · · · · · · 97
- 제9장 아브라함과 그의 아내 사라 · · · · · · · · · · · · · 108

제4부 인플루언서 딸 — 118
- 제10장 어머니의 하나님, 나의 하나님 · · · · · · · · · · · · · 119
- 제11장 축복의 통로 · · · · · · · · · · · · · 128
- 제12장 여호와께서 상 주시기를 원하노라 · · · · · · · · · · · · · 138

에필로그 — 147

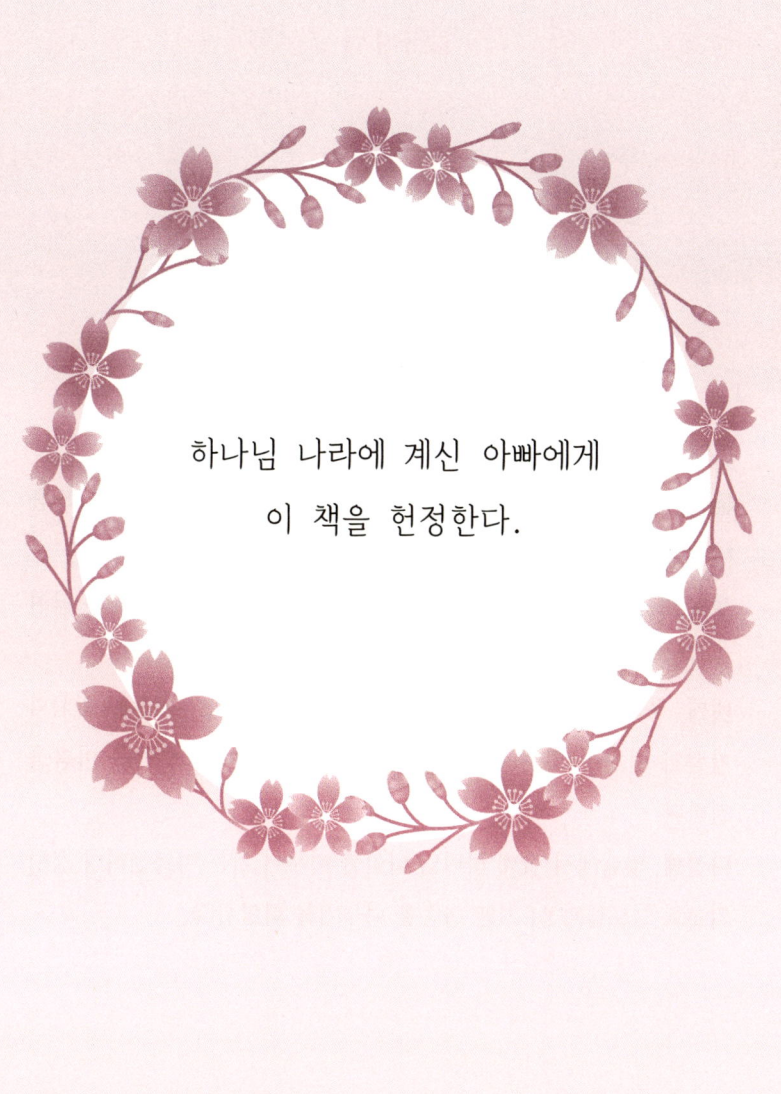

하나님 나라에 계신 아빠에게
이 책을 헌정한다.

감사의 글

첫째, 나를 여성으로 창조하신 하나님께 모든 영광을 돌린다.
둘째, 행복한 가정의 울타리를 만들어 주신 부모님께 이 책을 바친다.
셋째, 사역의 기쁨을 만끽할 수 있도록 늘 독려하는 사랑하는 남편 목사님께 감사의 마음을 표한다.
넷째, 우리 가정의 든든한 기둥이 되는 첫째 딸 수현이(아나벨라)와 기쁨의 원천이 되는 둘째 딸 주은이(안토넬라)에게 고마운 마음을 전한다.
다섯째, 땅끝에서 함께 하나님 나라를 이루어 가는 아르헨티나 성령의교회 성도들과 이 기쁜 마음을 나누기를 희망한다.

프롤로그

심은경 사모
성령의교회

　포스트 코로나 시대의 흐름에 발맞추어 그 중요성이 더욱더 부각된 신조어가 바로 '인플루언서'(influencer)다. 사회에 미치는 영향력이 큰 사람을 가리키는데, 주로 SNS상에서의 마케팅 업무와 관련되어 있다. 언택트(untact) 시대에 인플루언서의 영향력은 기하급수적으로 증가했다. 바쁜 일상에 시달리는 현대인들은 스마트폰을 통해 접하는 인플루언서들이 제시하는 생활 필수 아이템, 패션 품목 및 최근 트렌드를 거의 무비판적으로 구입하고 사용하고 따라가는 경향이 짙다.
　소름 돋는 이야기이지만, 당신이 S사의 어느 상품으로 집과 사무실 인테리어를 꾸며야 하고, 연비가 뛰어난 어느 외제 차를 할부금으로 출고해야 하고, 인지도가 높은 어느 명품 핸드백을 소지해야 하고, 가성비를 감안하면 어느 브랜드의 화장품을 선택해야 하고, 재테크에 성공하기 위해서는 어느 적금 상품에 가입해야 하고, 유행에 뒤떨어지지 않기 위해서는 어느 스마트폰 애플리케이션을 사용해야 하며, 심지어 어느 여행 상품 패키지를 선택해야 하는지는 이미 결정되어 있다.

어떤 분야이든 우리는 언젠가부터 인플루언서의 영향력 아래 있다는 내용이다. 어느 한 자료에 따르면, 인플루언서 마케팅의 효과에 대해 35%는 '매우 효과적', 45%는 '효과적', 15%는 '보통'이다. '효과 없음'은 5%에 지나지 않는다. 비대면 마케팅에 올인할 수밖에 없는 지금 시대에 인플루언서 전략은 더 이상 변방이 아닌 메인 그라운드가 되어 버리고 말았다.

그렇다면 경제·사회에 막강한 영향력을 미치는 인플루언서들이 평범한 일상을 살아가는 우리에게 던지는 메시지는 무엇인가?

인플루언서에도 급이 있다. 최하위로는 1천 명 전후의 팔로어를 보유하고 있는 '나노 인플루언서'(nano influencer)다. '구독자 수가 1천 명도 안 되는데 무슨 인플루언서인가?' 하는 의구심이 대부분 우리들의 첫 반응일 수도 있다. 그러나 마이크로브랜드들은 이와 같은 나노 인플루언서들의 영향력을 잘 알고 있기에 그들만의 마케팅 전략을 매우 효과적으로 펼치고 있으며 이에 따른 성공 사례는 결코 무시의 대상이 못 된다.

다음으로는 3천 명 정도의 팔로어를 가진 '마이크로 인플루언서'(micro influencer)가 있다. 사실 인플루언서의 세계에서는 가장 선호도가 높은 레벨로 간주한다고 한다. 저비용으로 고용될 수 있는 인플루언서들이며, 접근 가능성이 비교적 수월하기 때문에 주로 중소기업의 타깃이 된다. 고객 범위가 한정된 특수 품목이 아니라면 소셜 미디어 플랫폼에서 소비자에게 접근할 수 있는 가장 효과적인 방법으로 평가된다.

일반인들에게 아마 가장 어필되는 범주가 아닐까 생각되는데, 바로 '마크로 인플루언서'(macro influencer)다. 보통 이 레벨에 속하기 위해서는 팔로어 수가 1만 명 이상이 되어야 한다. 마크로의 경지에 이르게 되면, 당신은 각종 협찬을 받게 될 확률이 높다.

'메가 인플루언서'(mega influencer)가 최상위라 할 수 있는데, 이 정도가 되면 당신은 포스팅하는 것만으로도 적지 않은 수입을 얻게 될 것이며, 최소한 10만 명 이상의 구독자들이 열광하는 셀럽(celebrity)일 가능성이 크다.

물론 이 기준이 절대적인 수치는 아니다. 그러나 대체로 우리가 일상에서 접하는 인플루언서들은 대략 5천에서 5만 명의 팔로어들을 보유하고 있다. 인플루언서의 영향력이 이 정도로 증가하다 보니 언젠가부터 가짜 인플루언서들이 등장하기도 했다. 모 소셜 미디어의 인플루언서 10명 중 6-7명이 가짜라고 단정 지을 정도니 말이다. 상황이 이렇다 보니 특정 품목에 대한 정보를 검색할 때 '진짜 좋아서 홍보하는 건가? 아니면 협찬을 받아서 과장된 마케팅을 하는 건가?' 할 정도로 혼란스러울 때가 한두 번이 아니다.

가까이 지내는 지인 중에 전문 인플루언서로 활동하는 이가 있다. 6만 명의 팔로어를 둔 그 친구에게는 창고에 협찬받은 상품이 산더미처럼 쌓여 있다. 이뿐 아니라 자신이 사용하는 일상 품목들이 전부 협찬받은 아이템이다. 이 정도가 되다 보니 나도 인간인지라 인플루언서로 사는 것이 그리 나쁘지만은 않다는 생각이 잠시 들 때가 있다.

사실 나에게 인플루언서라는 과분한 칭호가 붙은 것은 최근 일이다. 매우 영향력 있는 모 그룹의 어느 한 기업인 부부와 함께 식사하는 자리에서 자연스럽게 우리 사역의 이야기를 하던 찰나에 있었던 일이다.

연로한 회장님이 갑자기 무릎을 치더니 "그 정도면 인플루언서시네요!"(You are influencers)라고 말하는 것이 아닌가?

사실 이 과찬은 미주 대륙을 앞마당처럼 다니며 말씀으로 수많은 군중을 열광시키고, 책도 수십 권 출간하고, 기업인과 정치인들을 대상으로 사역하는 남편에게는 해당되지만, 나와는 거리가 먼 발언에 불과했다.

그러던 어느 날 한 권의 간증집을 펴내게 되었다.

"책 제목이 고민인데요…, 인플루언서 여성(The Influencer Woman), 어떻습니까?"

출판사 사장님의 제안에 별다른 생각 없이 수락한 것이 화근(?)이 되어 버리고 말았다. 출간 직후 아마존(Amazon Kindle)과 같은 초대형 온라인 플랫폼에서도 판매되는 등 곧바로 베스트셀러 반열에 오르게 되었고, 이로써 최근에는 전 세계 4억 5천만 명 이상이 애용하는 유버전(YouVersion) 성경 앱에 글을 기고할 기회를 얻게 되어 현재 거의 10만 명 정도의 구독자가 있는 것으로 알고 있다.

사실 나는 인플루언서도 아니고, 정확하게 말하면 인플루언서의 인(in)자도 모르는 평범한 여성이다. 내 개인 계정 역시 비범할 것이 하나도 없는 흔한 가정주부와 같이 구독자 수가 몇백 명에 지나지 않는다. 그러나 알고 보면 소셜 미디어의 구독자 수가 우리의 정체성을 결정짓는 것도 아니고, 타인에게 선한 영향력을 미친다는 의미에서 인플루언서가 아닌 것도 아니다. 더욱이 우리에게는 주 예수 그리스도의 복음이라는 유일무이한 메시지가 있기 때문에 세상의 그 어떤 콘텐츠와 견주어 볼 때 전혀 밀릴 것이 없다.

크리스천 여성으로서 우리 모두는 인플루언서다!

모세의 어머니를 보라!

그녀의 이름은 성경에 2회밖에 표기되지 않는다. 요게벳은 무명의 여인이다. 성경은 그녀를 가리켜 "레위 여자"(출 2:1)라고 말한다.

얼마나 할 말이 없으면 이렇게 소개했을까?

그녀의 스펙은 전혀 화려하지도 않았고, 흔히 말하는 금수저도 아니었다. 그러나 그녀에게서 한 민족의 지도자가 탄생했다. 인플루언서 엄마로서 그녀는 지대한 영향력을 미쳤다. 누군가 팔로어가 3명밖에 되지 않는다고 비꼬아 조롱했을 수도 있다.

글을 게시했는데, '좋아요'를 눌러 주는 이가 3명밖에 없다니!

자존심이 상한다. 세상이 무너질 것만 같다. 그러나 그녀에게서 교육을 받은 모세, 아론 그리고 미리암은 이스라엘 역사에 한 획을 그었다.

사사 시대의 드보라를 보라!

원래 사사들은 남성들이 아니었나?

'이스라엘에 사사 노릇을 할 만한 남자가 없어서 여자가 사사가 된다고?'

미투(me too) 시대에도 이 정도인데 하물며 남존여비 사상이 만연해 있던 구약 시대에는 얼마나 더했을까?

그러나 하나님은 이스라엘 역사의 네 번째 사사로서 랍비돗의 아내를 선택하셨다. 드보라는 혼돈의 시대에 이스라엘의 어머니, 즉 인플루언서 사역자로서 엄청난 발자국을 남겼다.

아브라함의 아내 사라를 보라!

믿음의 조상의 그늘 아래 감추어져 있는 인물이지만, 남편과 함께 약속의 말씀을 끝까지 붙들었던 믿음의 여인이다. 위기의 순간에 그녀는 아브라함을 구조함으로써 남편에게 축복의 통로가 되었고, 자기 인생 가운데 아무런 낙이 없다고 생각했을 때 하나님은 이삭을 낳게 하심으로써 모든 쓴 뿌리를 웃음으로 바꿔 주셨다. 알고 보면 사라 없는 아브라함의 인생은 상상하기조차 힘들다. 사라는 인플루언서 아내로서 남편과 함께 하나님의 축복을 누렸다.

모압 여인 룻을 보라!

자기 남편이 죽게 되자 고향 땅 및 친족을 버리고 시어머니 나오미를 따라가야 할 이유는 하나도 없었다. 그러나 그녀는 이스라엘의 하나님을 섬기기로 결심하였고, 성경은 이에 대하여 룻이 며느리로서 오히려 시어머니에게 축복의 통로가 되었다고 증언한다. 마침내 룻은 다윗 왕의 증조할머니가 됨으로써 인플루언서 딸로서의 지대한 영향력을 보여 준다.

이렇듯 하나님은 우리 여성 크리스천에게 영향력이라는 범주를 이미 허락하셨다. 엄마로서 사역자로서 직장인으로서 아내로서 딸로서 굳이 노력하지 않아도 이미 확보한 오프라인 플랫폼이 있다. 고령화, 저출산, 1인 가구 시대에 모든 여성이 혼인함으로써 아내가 되고 엄마가 되는 것은 아니다. 게다가 전문인으로서 직업을 갖는 것도 아니다. 우리 주변에는 하나님의 일을 하기 위해 결혼하지 않는 여성들도 있고 평범한 주부 생활을 하는 이들도 흔히 발견된다.

따라서 특정한 역할을 구분하기보다 하나님이 자연적으로 허락하신 영역에 포커스를 맞추고 싶다. 이런 의미에서 성경은 우리에게 어떻게 하면 인플루언서가 될 수 있는지, 인플루언서로서 어떤 삶을 살아야 하는지, 이러한 사명을 추구하는 인생을 살아갈 때 뒤따르는 결과는 무엇인지를 제시하고 있다.

뉴노멀에 적응해 가고 있는 우리의 일상에 언젠가부터 인플루언서라는 키워드가 자리매김했다. 그러나 사실 영향력이라는 관점에서 성경은 수천 년 전부터 진정한 인플루언서가 무엇인지를 제시하고 있다.

그러므로 당신이 평범한 여성이라도 괜찮다. 이 책의 중심인물인 요게벳, 드보라, 사라 그리고 룻도 특별할 것이 없는 평범한 이들이었다. 그런데도 그들은 하나같이 주어진 환경 속에서 최선을 다해 지극히 높으신 하나님을 섬기며 선한 영향력을 끼쳤다.

누가 감히 요게벳, 드보라, 사라 그리고 룻을 가리켜 인플루언서가 아니라고 손가락질하겠는가?

게다가 원래 인플루언서의 콘셉트가 바로 그거 아니었던가?

'평범해서 팔린다' 또는 '평범한 사람들의 비범한 영향력', 바로 그거다!

그러므로 소셜 미디어의 팔로어 수에 당신의 정체성을 걸지 말라.

셀럽이 아니어도 좋다. 당신이 스마트폰에 게시하는 글 및 동영상이 인기 반열에 오르지 않아 알고리즘에 나타나지 않아도 상관없다. 하나님이 당신에게 이미 허락하신 다양한 플랫폼이 있다.

바로 그곳에서 복음의 능력으로 선한 영향력을 퍼뜨림으로써 인플루언서 여성이 되라!

하나님이 함께하신다. 당신은 인플루언서 여성이다.

제1부
인플루언서 엄마

제1장 무명의 여인 요게벳

제2장 젖을 먹이라

제3장 하나님의 딸

제1장

무명의 여인 요게벳

> 아므람의 처의 이름은 요게벳이니 레위의 딸이요 애굽에서 레위에게서 난 자라 그가 아므람에게서 아론과 모세와 그의 누이 미리암을 낳았고
> (민 26:59).

어린 시절 남아메리카에 이민 와서 사는 나에게 동서양의 문화 차이는 항상 관심의 대상이었다. 특별히 유럽 문화를 그대로 전수받은 최남단의 나라 아르헨티나 사람들은 눈살을 찌푸리며 이런 질문을 던지곤 한다.

"길을 걸어갈 때 왜 동양인들은 남편이 앞서가고 아내는 저 멀리 떨어져 뒤에서 쫓아가는 건가요?"

상황이 반전되어 지금의 커플들은 그렇지 않지만, 이 때문에 나는 항상 동양 문화가 서양 문화보다 뒤처지고 열등한 줄로만 알고 있었다.

그러나 알고 보면 꼭 그렇지만은 않다. 남존여비 사상은 동서양을 막론하고 어디에나 존재한다. 그런 의미에서 우리나라에서만 남녀평등이 결여된 것처럼 치부하는 것은 옳지 않다고 본다. 가령 서양에서는 여성이 혼인하게 되면 남성의 성을 따르는 것이 전통적 관례다.

성명이 인간의 정체성을 드러낸다고 하는 시각에서 보면, 이는 결코 하찮은 일이 아니다. 즉, 서양에서는 여성이 남성인 남편에게 귀속된다는 의미를 담고 있다.

그런데 우리는 그렇지 않지 않은가?

나는 청송 심(沈)가다. 부친 심창석(沈昌碩)과 모친 원혜숙(元惠淑) 사이에서 차녀로 태어났으니 나는 당연히 심은경(沈恩慶)이다. 남편은 양주 김(金)가이지만, 나는 심은경이지 김은경이 아니다.

가끔 남편과 함께 해외 강연을 나갈 때면 이런 혼란이 심심찮게 발생하곤 한다. 홍보물에 내 사진과 함께 내 이름이 잘못 표기되는 경우 말이다. 동양인 대부분이 그러하듯 나 역시 편의상 초등학교 담임선생님이 붙여준 러시아식 쏘냐(Sonia)라는 이름을 사용한다. 그러나 나는 Sonia Shim이지 Sonia Kim이 아니다. 그런데 아무리 설명해도 이해를 못 하겠다는 눈치다. 이렇듯 우리에게 여성 본연의 정체성을 존중하는 문화가 있다.

어느 외국인 학자는 우리 문화에 대해 "지구상에 대한민국이라는 나라는 존재하지 않는다. 그 이유는 한국인들의 정체성은 언제나 관계에 의존하는 모호한 상대적인 성격을 띠고 있기 때문이다"라고 말했다. 표현의 과격함 때문에 마음만 상하지 않는다면 어느 정도 일리가 있는 발언인 것 같다. 서울의 모 명문대학에서 강사로 활동했던 그녀는 "북한이 존재하기 때문에 남한이라는 표현을 사용하고, 오빠라는 상대가 있기 때문에 동생으로서의 입지가 한정되며, 부하 직원들을 두었기 때문에 사장으로서의 정체성이 확증된다"고 덧붙였다.

이런 점을 감안하면, 우리는 상대방을 부를 때 애를 먹는 경우가 적지 않은 것 같다. 호칭이나 지칭을 잘못 쓰면 무례한 사람으로 전락하고 말기 때문이다. 서양 문화에서는 주로 이름을 부르면 그만이고 경우에 따라서는 미세스(Mrs.) 혹은 닥터(Dr.)라는 칭호를 추가하면 별 문제가 안 되지만, 우리 문화에서는 칭호가 유독 매우 민감한 사항일 수 있다. 우리나라는 같은 대상이라도 경우에 따라 여러 칭호로 부르기 때문이다. 강의실에서 조교가 나와서 "존칭은 생략하겠습니다"라고 말하는 경우는 우리나라밖에 없을 것이다.

우리는 이름이 아닌 칭호로 부르는 문화에서 태어나고 성장했기 때문에 언젠가부터 내 이름이 사라졌다고 하는 사실을 큰 비극으로 여기지 않는다. 사회생활을 할 때 '언니', '이모', 심지어 '저기요'(?)로 살아간다. 결혼 전에는 '누구누구의 딸', 결혼 이후에는 '누구누구의 아내' 그리고 출산 이후에는 '누구누구의 엄마'로 살아가는 것이 우리의 일상이다. 직장에서도 동료들은 '대리', 또는 '부장'이라고 호칭하고, 교회에서도 믿음의 식구들은 '집사'라고 부른다. 대한민국에서 여성으로 살아간다는 것은 이름 없이 하루하루를 지냄을 뜻한다.

그런데 자세히 내면을 들여다보면, 우리 역시 언제 상대방을 이름으로 불러 주었던가?

남편은 '당신'이고 자녀들은 '첫째', '둘째'에 불과하며, 웬만하면 대인관계 속에서 이름을 부르는 경우는 거의 없기 때문에 때때로 둘도 없는 친구 또는 엄마와 통화를 할 때 다정한 목소리로 '○○아/야'라고 불러 주면 왠지 눈시울이 붉어진다.

'여성으로 이 시대를 살아가는 나는 누구인가?'

'나는 그동안 누구로 살아왔던가?'

'사람들이 일컫는 나와 내가 생각하는 나의 차이는 무엇인가?'

이럴 때면 사랑 많으신 우리 주님이 생각나기 마련이다. 선한 목자가 되시는 예수님은 "자기 양의 이름을 각각 불러"(요 10:3) 인도하신다. 정확하게 번역하면, '각각 이름을 부른다'기보다는 '각각 이름으로 불러 인도하신다'(He calls his own sheep by name)가 맞다.

그 음성이 들리지 않는가?

따뜻한 목소리로 내 이름을 불러 주시는 우리 주님의 음성에 가슴이 무너진다. 바로 그때 우리는 더 이상 무명이 아님을 알게 된다. 하늘과 땅을 창조하신 하나님은 우리를 알아주신다. 따라서 우리는 아무나가 아니다. 숫자에 불과한 유저(user)가 아니고, 금전적 이윤을 남기고 가는 고객(customer)이 아니다.

이름도 없이 빛도 없이 세상을 살아가는 나의 심정을 하나님이 눈치채신 것일까?

성경은 나를 쏙 빼닮은 어느 한 무명의 여인을 소개한다.

> 레위 가족 중 한 사람이 가서 레위 여자에게 장가들어 그 여자가 임신하여 아들을 낳으니 그가 잘생긴 것을 보고 석 달 동안 그를 숨겼으나(출 2:1-2).

저자는 이 레위 여자가 누구인지를 밝히는 데 관심을 보이지 않는다. 그저 무명의 한 여인일 뿐이다.

이 때문일까?

오늘날에도 대부분의 평범한 크리스천은 이스라엘을 애굽의 압제에서 해방시킨 이의 어머니의 이름을 잘 알지 못한다. 하여간 누가 물어보지도 않으니까 그런가 보다. 궁금증을 해소하기 위해 스마트폰 성경 앱을 검색했다. 혹시나 하는 마음에 콘코던스 성경 사전도 찾아

봤다. 내 추측이 맞는다면, 모세의 어머니는 오늘날 무명으로 살아가는 수많은 여성을 대변하는 탁월한 모델로서 전혀 손색이 없는 인물이다. 이와 같이 오늘날에도 무명이라는 수식어가 무색할 정도로 자기 자리에서 인플루언서로서 살아가는 수많은 믿음의 여성이 있다.

로자 파크스(Rosa Parks, 1913-2005)는 현대 인권 운동의 어머니로 칭송되는 여성이다. 그녀가 살던 시절에는 백인과 흑인이 대중교통 시설에서조차 몸을 섞지 않을 정도로 인종차별이 심했다.

1955년 12월 1일 백인 승객에게 자리를 양보하라는 운전기사의 지시를 거부해 로자가 경찰에 체포되는 사건이 있었다. 그러자 버스 회사를 향한 보이콧으로 이어져 아프리카계 미국인들을 중심으로 인종차별에 저항하는 인권 운동이 전국으로 퍼져 나갔다. 이것은 하나의 야사인데 이 무명의 여인에게서 감명을 받은 이가 바로 미국 인권 운동을 주도한 마틴 루서 킹(Martin Luther King, 1929-1968)이었다고 한다.

모세의 이름이 수없이 반복되는 것과 비교해 보면, '하나님은 영광스러우시다' 하는 뜻의 이름을 가진 그의 어머니를 언급하는 횟수는 단 2회로서 터무니없이 부족하다.

> 아므람은 그들의 아버지의 누이 요게벳을 아내로 맞이하였고 그는 아론과 모세를 낳았으며 아므람의 나이는 백삼십칠 세였으며 … (출 6:20).

> 아므람의 처의 이름은 요게벳이니 레위의 딸이요 애굽에서 레위에게서 난 자라 그가 아므람에게서 아론과 모세와 그의 누이 미리암을 낳았고 … (민 26:59).

이스라엘을 해방시킨 이의 어머니의 이름이 두 번밖에 나타나지 않는 것은 의외의 일이다.

그러나 본래 동양 문화가 그러하지 않았던가?

이름이 거론되지 않는다고 해서 중요한 인물이 아닌 것은 아니다. 우리에게 변화를 가져오는 것은 이름이 아닌 정체성이기 때문이다.

어쩌면 당신은 아직도 비교 의식에서 헤어 나오지 못한 채 '평범해도 너무 평범하다'고 하면서 스스로를 비하하고 있거나 타인의 등 뒤에 숨어 '입에 풀칠할 정도로 생존할 뿐이다'고 생각하거나 소위 잘나가는 친구들 사이에서 가장 못났다고 신세를 한탄할 정도로 불안하게 인생을 살아가고 있지는 않은가?

'아무도 나를 알아주는 사람이 없어.'

'이 정도 실력으로는 명함도 못 내민다고!'

'나 같은 여자의 말에 누가 귀를 기울여 주겠어?'

다시 강조하지만, 이름이 아니라 정체성이다. 모세의 어머니도 평범한 무명의 여인에 불과했다.

그러나 누가 감히 그녀의 영향력을 폄하하거나 부인할 수 있겠는가?

모세를 통해 그녀가 미친 영향력은 가히 기념비적이다. 그녀야말로 진정한 인플루언서다.

한번 정리해 보자.

오경(창세기-신명기)의 저자가 누구인가?

친구와 같이 하나님과 대면한 사람이 누구인가?

시내산에서 십계명이 새겨진 두 돌판을 받은 사람이 누구인가?

지면에 모든 사람보다 온유함이 더한 사람이 누구인가?

하나님의 백성을 애굽에서 탈출시킨 이가 누구인가?

이스라엘 백성을 약속의 땅 가나안으로 인도한 이가 누구인가?
능력의 지팡이로 반석에서 샘물이 터지게 한 이가 누구인가?
예수님 시절 바리새인들이 최고의 지도자로 삼은 이가 누구인가?
답변은 두말할 것도 없이 모세다.
모세가 그렇게 대단한 사람이었던가?
그러면 이번에는 모세라는 인물보다는 그가 이룬 '출애굽'이라는 업적을 중심으로 고찰해 보자.

너희는 이날을 기념하여 여호와의 절기를 삼아 영원한 규례로 대대로 지킬지니라(출 12:14).

내가 너희의 조상들을 애굽에서 인도하여 내어 바다에 이르게 한즉 애굽 사람들이 병거와 마병을 거느리고 너희의 조상들을 홍해까지 쫓아오므로 너희의 조상들이 나 여호와께 부르짖기로 내가 너희와 애굽 사람들 사이에 흑암을 두고 바다를 이끌어 그들을 덮었나니 내가 애굽에서 행한 일을 너희의 눈이 보았으며 또 너희가 많은 날을 광야에서 거주하였느니라(수 24:6-7).

주께서 우리 조상들이 애굽에서 고난받는 것을 감찰하시며 홍해에서 그들의 부르짖음을 들으시고 이적과 기사를 베푸사 바로와 그의 모든 신하와 그의 나라 온 백성을 치셨사오니 이는 그들이 우리의 조상들에게 교만하게 행함을 아셨음이라 주께서 오늘과 같이 명예를 얻으셨나이다 또 주께서 우리 조상들 앞에서 바다를 갈라지게 하사 그들이 바다 가운데를 육지 같이 통과하게 하시고 쫓아오는 자들을 돌을 큰 물에 던짐 같이 깊은 물에 던지시고(느 9:9-11).

나는 너를 애굽 땅에서 인도하여 낸 여호와 네 하나님이니 네 입을 크게 열라 내가 채우리라(시 81:10).

강한 손으로 주의 백성을 애굽 땅에서 인도하여 내시고 오늘과 같이 명성을 얻으신 우리 주 하나님이여 우리는 범죄하였고 악을 행하였나이다(단 9:15).

너희가 애굽에서 나올 때에 내가 너희와 언약한 말과 나의 영이 계속하여 너희 가운데에 머물러 있나니 너희는 두려워하지 말지어다(학 2:5).

좀 과하지 않은가?
모세가 죽은 이후에도 그가 이룬 출애굽의 역사를 하나님은 계속해서 상기시키신다.
본래 과거는 잊어버려야 하는 것 아닌가?

너는 애굽 땅에서 종 되었던 것과 네 하나님 여호와께서 너를 속량하셨음을 기억하라(신 15:15).

1천 년이 넘은 사건이었지만, 신약 시대에 이르러서도 믿음의 사람들은 출애굽을 잊지 않았다.

이 사람이 백성을 인도하여 나오게 하고 애굽과 홍해와 광야에서 사십 년간 기사와 표적을 행하였느니라(행 7:36).

이 이스라엘 백성의 하나님이 우리 조상들을 택하시고 애굽 땅에서 나그네 된 그 백성을 높여 큰 권능으로 인도하여 내사 광야에서 약 사십 년간 그들의 소행을 참으시고(행 13:17-18).

너희가 본래 모든 사실을 알고 있으나 내가 너희로 다시 생각나게 하고자 하노라 주께서 백성을 애굽에서 구원하여 내시고 후에 믿지 아니하는 자들을 멸하셨으며(유 1:5).

공정성을 위해서는 요게벳의 또 다른 아들딸 아론과 미리암을 잊어서는 안 될 것이다. 아론은 이스라엘의 최초의 대제사장으로서 바로 앞에서 대변인 역할을 하였고, 조력자로서 훌과 함께 그의 동생 모세의 팔을 들어 줌으로써 아말렉과의 싸움에서 승리를 이끌어 냈고, 시내산에서 하나님의 영광을 보았으며, 성막 지성소에 들어가 온 백성을 위해 중보하며 지극히 높으신 이의 이름으로 복을 비는 영적 지도자였다.

미리암은 어떠한가?

'바라던 자식'이라는 뜻으로서 온 가족이 최대의 위기에 직면했을 때 어머니 요게벳과 바로의 딸 사이에 중재 역할을 하였고, 홍해를 건넌 직후 온 이스라엘 백성의 여인들을 인도하여 하나님께 감사를 드리고 찬양했다. 이 엄청난 여인 역시 요게벳의 태의 열매다.

'요람을 흔드는 손이 세계를 지배한다'(the hand that rocks the cradle rules the world)는 영어 속담이 있다. 출애굽이라는 유일무이한 사건의 주인공 배후에는 이름이 거의 알려지지 않은 어느 한 무명의 여인이 있다.

아이러니하게도 요게벳(Jochebed)이라는 이름은 수천 년이 지난 지금도 비호감이다. 서양 문화에서는 성경 이름이 흔히 사용되곤 하는데, 마리아(Mary), 에스더(Esther), 한나(Hannah), 미리암(Miriam)과 같은 이름은 많이 들어봤어도 자기 딸 이름을 요게벳이라고 지었다는 이야기는 지금까지 접하지 못했다. 그러나 그녀가 하나님의 섭리를 따라 잠시 이 세상을 살아가면서 남기고 간 영적 발자국은 여전히 우리의 마음을 움직인다.

아무도 알아주지 않는다고 하는 현실이 하나님의 뜻을 이루는 데 아무런 걸림돌이 되지 않는다. 무명이라고 해서 하나님이 들어 쓰시지 않을 이유는 하나도 없다. 유명 유튜버(YouTuber)가 아니어도 좋다. SNS상에서 팔로어 수가 몇 명 안 돼도 괜찮다. 이름을 잊은 채 한두 아이의 엄마로 살아가고 있는 당신은 하나님에게 현대판 요게벳이다. 모세가 생각하는 요게벳은 자기를 진정한 히브리인의 정체성을 심어 준 믿음의 영웅이었던 것처럼 당신의 가족과 자녀들에게 당신은 인플루언서 엄마다.

알고 보면 성경에는 무명의 여인들이 적지 않게 등장한다. 그들의 이름이 베일에 가려져 세상에 끝내 알려지지 않았지만, 그들이 남기고 간 영적 유산은 기독교 신앙의 보물이다. 사마리아 땅에 큰 부흥을 일으킨 여인은 무명의 여인이다.

> 주여 옳소이다 마는 개들도 제 주인의 상에서 떨어지는 부스러기를 먹나이다 (마 15:27).

이런 말로 예수님의 마음을 크게 감동시킨 수로보니게 여인 역시 이름 없는 여인이다. 온 부자보다 더 많이 드렸다는 이유로 예수님으로부터 크게 칭찬을 받은 가난한 과부 역시 아무도 알아주지 않은 여인이다. 그러나 그들의 공통점은 주님으로부터 인정을 받았다는 것이다.

　인플루언서 마케팅의 명제 중 하나가 바로 "평범한 사람들이 비범한 영향력을 미친다" 하는 말이다. 이렇듯 하나님은 평범한 사람들을 통해 비범한 일을 이루기를 원하신다. 수천 년 전 요게벳을 부르신 하나님이 당신의 삶을 들어 쓰기를 원하시기에 무명의 자리에 있는 당신을 지금 이 순간 부르신다.

제2장

젖을 먹이라

> 열고 그 아기를 보니 아기가 우는지라 그가 그를 불쌍히 여겨 이르되 이는 히브리 사람의 아기로다 그의 누이가 바로의 딸에게 이르되 내가 가서 당신을 위하여 히브리 여인 중에서 유모를 불러다가 이 아기에게 젖을 먹이게 하리이까 바로의 딸이 그에게 이르되 가라 하매 그 소녀가 가서 그 아기의 어머니를 불러오니 바로의 딸이 그에게 이르되 이 아기를 데려다가 나를 위하여 젖을 먹이라 내가 그 삯을 주리라 여인이 아기를 데려다가 젖을 먹이더니 (출 2:6-9).

 모든 여성이 결혼하여 가정을 이루는 것도 아니고, 또 결혼한다고 해서 자녀를 출산하는 것은 아니다. 이는 저출산 시대의 현실로, 꼭 자녀를 두어야 인플루언서 엄마가 된다는 뜻이라기보다는 여성으로서 인생을 살아가면서 자연스럽게 형성되는 하나의 영향권을 가리킨다.
 더욱이 하나님의 백성으로서 우리에게는 돌보아야 할 영적 자녀도 있지 않은가?
 이들에게 충분한 영적 양식을 공급하는 것이 바로 인플루언서 엄마의 사명이다. 출애굽기에 보면, 히브리 민족의 환경은 하루아침에 뒤바뀌었다.

> 요셉을 알지 못하는 새 왕이 일어나 애굽을 다스리더니(출 1:8).

성경에는 '바로'(Pharaoh)라고 표기되어 있기 때문에 대부분의 사람은 그 왕이 그 왕인 줄로만 안다. 그러나 역사학자들의 글을 읽어 보면, 요셉의 부친 야곱을 선대할 정도로 너그러웠던 바로는 셈족 계통의 힉소스 왕조였고, 요셉을 알지 못하는 새 왕, 즉 셈족을 미워하고 히브리 민족의 특별한 수적 증가를 두려워한 나머지 그들을 향한 핍박과 노동 착취를 가속화한 바로는 투트모세 1세(Thutmose I, 1539-1514)였다고 한다.

결국 새로 등장한 바로는 "그들에게 무거운 짐을 지워 괴롭게 하여 그들에게 바로를 위하여 국고성 비돔과 라암셋을 건축하게"(출 1:11) 했고, 이것도 모자라 "이스라엘 자손에게 일을 엄하게 시켜 어려운 노동으로 그들의 생활을 괴롭게"(출 1:13-14) 했다. 오늘날로 말하면, 기본 인권이 지켜지지 않는 새로운 노예 제도 신설, 아울러 정신·육체적 피해가 따르는 노동 교화형에 해당한다.

또 다른 정책으로서는 남녀평등이 보장되지 않은 대학살 제도다. 바로의 말을 들어보자.

> 너희는 히브리 여인을 위하여 해산을 도울 때에 그 자리를 살펴서 아들이거든 그를 죽이고 딸이거든 살려두라(출 1:16).

> 아들이 태어나거든 너희는 그를 나일 강에 던지고 딸이거든 살려두라(출 1:22).

요게벳은 애굽 땅에서 태어난 히브리 여인으로서 아마도 아므람과 혼인하였을 당시 이미 그녀의 신분은 노예였을 것이다.

이런 상황에서 자녀를 출산한다는 것이 얼마나 두려운 일이었을까?

딸이면 목숨은 간신히 구할 수 있겠지만, 만에 하나 아들이라면 해산을 돕는 산파들 때문에 살해되는 것은 시간문제였다.

최상의 옵션이 기껏해야 나일강에 던지는 것이라니!

지구상의 어떤 엄마가 그렇게 할 수 있겠는가?

결국, 예상했던 일이 벌어졌다.

> 그 여자가 임신하여 아들을 낳으니 그가 잘생긴 것을 보고 석달 동안 그를 숨겼으나 (출 2:2).

3개월이라는 짧은 기간 내에 언제라도 자기 손에서 빼앗길 것이라는 사실을 알았던 요게벳은 무엇을 하며 지냈을까?

바로의 딸이 대신해서 젖을 먹여 줄 히브리 여인을 찾자 자신의 품에 돌아온 아기 모세에게 무엇을 가르쳤을까?

그녀의 육아 비법이 얼마나 탁월했으면 그 아들이 후대에 히브리 민족의 지도자가 되었을까?

어느 한 육아 강좌 시간에 있었던 일이다. 강사는 장난 치듯 청중에게 질문을 던졌다.

"자, 갓난아이에게 최우선으로 필요한 것이 무엇이라고 생각하십니까?"

너무나도 당연한 질문에 강의실 여기저기서 답변이 곧 들려왔다.

"우유요!"

"그거야, 기저귀지요."

"사랑이 아닐까요?"

잠시 침묵이 흐르자 구석에 앉아 있던 어느 한 엄마가 차분한 목소리로 말했다.

"예수님이요."

신앙을 가진 사람으로서 지극히 당연한 이야기 같지만, 때로는 이 당연한 것을 놓칠 때가 있다. 성경은 그 어디에도 요게벳이 모세를 어떻게 양육하였는지를 밝히고 있지 않다. 그러나 결과를 염두에 둘 때 요게벳이 젖만 먹인 것이 아니라 하나님의 말씀을 먹인 것이 틀림없다.

보라!

바로의 후계자로 고려될 정도로 화려한 스펙을 가진 그가 갑자기 왜 미디안으로 도주했겠는가?

나이가 사십이 되매 그 형제 이스라엘 자손을 돌볼 생각이 나더니 (행 7:23).

모세는 자기가 히브리 민족 출신임을 어떻게 알았을까?

아무 유익이 없는 것을 알고도 왜 히브리 민족의 편을 들었을까?

하나님이 떨기나무 불꽃 가운데서 '아브라함의 하나님, 이삭의 하나님, 야곱의 하나님'이라고 자기 자신을 드러내셨을 때 어떻게 해서 모세는 곧바로 자기 조상의 하나님이심을 알아차리게 된 것일까?

여기에는 비밀이 하나 있는데, 그것이 바로 누크(nuq), 즉 히브리식 육아 방식이다. 젖을 먹인다는 말을 원어로 '야나크'(yanaq)인데, 문자적인 뜻은 '먹을 것을 주다'다. 성경은 이 동사를 강조한다.

그의 누이가 바로의 딸에게 이르되 내가 가서 당신을 위하여 히브리 여인 중에서 유모를 불러다가 이 아기에게 '야나크' 하게 하리이까(출 2:7).

바로의 딸이 그에게 이르되 이 아기를 데려다가 나를 위하여 '야나크' 하라 내가 그 삯을 주리라 여인이 아기를 데려다가 '누크' 하더니(출 2:9).

젖을 먹이는 기간을 약 3년이라는 점을 감안하면, 요게벳은 모세에게 36개월, 156주, 1,095일, 26,280시간, 1,576,800분, 94,608,000초 동안 최선을 다해 하나님의 말씀을 '야나크', 즉 먹이면서 신앙으로 '누크', 즉 양육했던 것이다.

"잘생긴 우리 아들!"

"아들아, 너는 하나님이 선택하신 히브리 민족 출신이라는 사실을 잊지 말거라."

"어디를 가든지 전능하신 여호와께서 너와 함께하시고, 너를 구원하시고, 너를 통해 애굽 땅에서 영광받으시길 이 엄마가 기도할게."

때로는 우리 자녀들이 한평생 엄마인 우리 영향권 아래 있을 것이라고 착각하는 것 같다. 유학, 취업, 결혼, 이민은 둘째 치고 스마트폰과 접촉하는 순간부터 궁금한 게 있으면 더 이상 우리에게 묻지 않고 구글(Google)이나 네이버(Naver)와 같은 포털 사이트에 검색한다는 사실을 알게 될 때 왠지 묘한 기분이 든다.

한 테이블에 마주 앉은 자녀들이 우리와 일상 담화를 나누는 것보다 전자기기를 붙들고 헤픈 웃음을 보이는 것을 선호할 때 '우리 딸 맞아?', '아들들은 원래 쌀쌀맞지?' 하는 생각이 스치는 것은 왜일까?

하나님은 나에게 두 딸을 허락하셨다. 첫째가 태어났을 당시 나는 시간이 많지 않음을 감지한 채 최선을 다해 하나님의 말씀으로 양육할 것을 다짐했다. 구체적으로는 '축복의 선언'을 하루에도 수십 번 아니 수백 번을 반복했다.

"말도 못 하는 아기에게 무슨 말을 그렇게 많이 해?"

의아하게 바라보는 아기 아빠의 핍박 아닌 핍박이 있었지만, 탯줄을 끊음으로써 육체적으로는 더 이상 하나가 아니지만, 이제부터 그 어느 때보다 영적 교감에 힘써야 한다는 생각에 나는 아기에게 '하나님의 딸'임을 강조했다. 본래 선언이라는 것이 생소하고 어색할 수도 있다. 그러나 성경에 보면, 여호수아는 태양에게 말을 걸었고, 예수님도 산을 향하여 명하라고 가르치셨다.

자연을 향해서도 하나님의 말씀을 선포할 수 있다면, 세상에 둘도 없는 사랑하는 자녀에게 못할 것은 무엇이겠는가?

"누구 딸? 하나님의 딸!"

"착한 딸, 하나님의 딸!"

"예쁜 딸, 하나님의 딸!"

아울러 하루 종일 성경 구절을 줄줄이 외워 주었다.

그래서인지 첫째 딸 수현이는 만 7개월 만에 말을 하기 시작했다!

게다가 다문화권에서 살고 있던 터라 우리말로 성경을 가르쳤다. 처음으로 암기한 성구는 마가복음 9:23, 즉 "믿는 자에게 능히 하지 못할 일이 없느니라"였다. 이어서 매일같이 같은 시각에 목욕을 시키고, 우유를 먹이면서 암송했던 성구들을 정리해 본다.

태초에 하나님이 천지를 창조하시니라(창 1:1).

항상 기뻐하라 쉬지 말고 기도하라 범사에 감사하라(살전 5:16-18).

주 예수를 믿으라 그리하면 너와 네 집이 구원을 받으리라(행 16:31).

하늘에 계신 우리 아버지여 이름이 거룩히 여김을 받으시오며 나라가 임하시오며 뜻이 하늘에서 이루어진 것 같이 땅에서도 이루어지이다 오늘 우리에게 일용할 양식을 주시옵고 우리가 우리에게 죄 지은 자를 사하여 준 것 같이 우리 죄를 사하여 주시옵고 우리를 시험에 들게 하지 마시옵고 다만 악에서 구하시옵소서 나라와 권세와 영광이 아버지께 영원히 있사옵나이다 아멘(마 6:9-13).

나는 주일학교에서 경쟁이라도 하듯 암송대회를 하는 것을 별로 좋아하지 않는다. 그 이유는 아이마다 하나님의 말씀을 내면화하는 과정이 다르고, 안 그래도 사회에 나가 치열한 경쟁에 시달릴 텐데 이른 나이에 불필요하게 암기 실력을 노출함으로써 섣부른 우월의식 혹은 열등의식을 부추긴다는 생각 때문이다. 그러나 성경 구절을 암송하는 것은 동서양을 막론하고 기독교 역사에 매우 중요한 육아 방식으로 자리매김한 것은 부인할 수 없는 사실이다. 이렇게 함으로써 아이는 하나님을 향한 사랑을 품는다.

네 자녀에게 부지런히 가르치며 집에 앉았을 때든지 길을 갈 때든지 누워 있을 때든지 일어날 때든지 이 말씀을 강론할 것이며(신 6:7).

히브리어 성경에는 '부지런히'라는 부사가 생략되어 있고, '샤난'(shanan), 즉 '칼을 갈다' 또는 '날카롭게 하다'는 뜻을 담은 동사로 표기되어 있다. 어떤 번역본에는 '마음에 새기게 하라'(impress them), 혹은 '반복하여 선포하라'(repeat them again and again)고 나타나 있다. 즉, 하나님의 말씀을 연마하는 수준에 이를 정도로 반복해서 선포하고 또 선포하라는 명령이다.

나의 경우 시편 1편은 좀 난이도가 높은 도전이었다. 아무리 말을 잘한다고 해도 한 살밖에 되지 않은 아이에게는 좀 무리가 있는 듯 느껴졌다. 이 같은 상황에서는 세분화해서 암송시킬 것을 권한다. 무엇보다 엄마가 섣부른 마음을 갖는 것은 금물이다.

> 복 있는 사람은 악인들의 꾀를 따르지 아니하며 죄인들의 길에 서지 아니하며 오만한 자들의 자리에 앉지 아니하고 오직 여호와의 율법을 즐거워하여 그의 율법을 주야로 묵상하는도다 그는 시냇가에 심은 나무가 철을 따라 열매를 맺으며 그 잎사귀가 마르지 아니함 같으니 그가 하는 모든 일이 다 형통하리로다(시 1:1-3).

젖과 하나님의 말씀을 먹이는 엄마들이 자기 뜻대로 되지 않을 때 "언제까지 몇 번이고 반복해야 하나요?"라고 투정 섞인 질문을 던지곤 한다. 그러면 나는 "하다 보면 됩니다", "될 때까지 하세요"라고 답하곤 한다.

이렇게 한번 생각해 보는 것은 어떨까?

만일 인플루언서 엄마인 당신이 아이에게 말씀을 먹이지 않는다면, 누가 하겠는가?

이 세상에 그 일을 대신해 줄 사람은 아무도 없다.

여기서 유일한 인플루언서 엄마는 당신이다!

언젠가는 장성하여 양을 이리 가운데로 보내는 날이 이를 때 하나님의 말씀으로 무장한 우리 자녀들은 뱀같이 지혜롭고 비둘기같이 순결할 것이다. 낙심될 때가 있겠지만, 다시 한번 힘내고 인내를 가지고 끝까지 도전하라.

또한, 우리에게는 상급이 있지 않은가?

> 눈물을 흘리며 씨를 뿌리는 자는 기쁨으로 거두리로다 울며 씨를 뿌리러 나가는 자는 반드시 기쁨으로 그 곡식 단을 가지고 돌아오리로다(시 126:5-6).

많은 엄마가 말씀을 먹이는 것에 실패하는 이유는 인내가 부족하기 때문이다. 하루아침에 되지도 않을뿐더러 친구들과 '카톡'을 주고받거나 '인스타'에 셀카놀이를 하는 동시에 말씀 암송에 집중하려고 하기 때문이다. 이것도 모자라 우리 아이는 천재라는 생각을 떨치지 못한 채 어른이 되면 스티브 잡스(Steve Jobs)나 오프라 윈프리(Ophra Winfrey)와 같이 잘나가는(?) 셀럽(celebrity)이 될 것이라는 허황된 꿈을 품는다.

자녀들의 심령에 하나님의 말씀 씨앗을 심은 인플루언서 엄마에게 가장 행복한 순간은 열매를 맺는 날이 아닐까 생각한다.

언젠가 심한 몸살을 앓아 며칠 누워 있었던 때가 있었다.

저녁 시간인 것으로 기억하는데, 네 살밖에 되지 않은 둘째가 침대에 다가오더니 내 머리에 손을 얹고 기도하는 것이 아닌가!

"하나님, 하나님. 우리 엄마 고쳐 주셔서 우리에게 맛있는 음식을 만들 수 있게 해 주세요. 예수님의 이름으로 기도합니다. 아멘."

평소에 엄마아빠가 몸이 아픈 사람에게 손을 얹고 기도하는 것을 봐서 그런지 애초에는 '매우 기특하다'는 생각이 들었다.

그런데 이게 웬일인가!

내 몸에 치유의 기운이 돌기 시작하더니 순식간에 열이 떨어지고 에너지가 넘치기 시작했다. '하나님이 우리 둘째를 통해 이런 역사를 하셨구나!'라며 감격하던 순간에 하나님이 깨달음을 주셨다. 그것은 다름 아닌 그동안 심은 하나님의 말씀이 열매를 맺기 시작했다는 것이었다. 몸이 아프거나 감당할 수 없는 어려운 상황이 닥칠 때 하나님께 기도를 드리는 것은 그 아이에게 당연한 일이었다.

나라고 부족한 게 왜 없겠는가?

그러나 나는 애초부터 육아가 하나님이 나에게 맡겨 주신 또 다른 하나의 사역이라는 것을 알고 있었다.

'가정이 먼저'라는 말도 있지 않은가?

포기하거나 타협하고 싶을 때도 있었다. 큰 목소리로 무엇인가 읊는 것이 신체적으로 고된 노동과 맞먹는 일이라는 말을 어디선가 들은 적이 있다. 잠이 부족해 피곤할 때면 모든 것을 내려놓고 싶었다.

그러나 언젠가는 내 품에서 떠날 것이라는 생각을 하니 눈물을 머금고 또다시 하나님의 말씀을 암송하게 되더라!

요게벳은 3개월 동안 온갖 심혈을 기울여 애굽 사람들의 눈을 피해 아기를 돌보았다. 미리암의 중재로 자기 품에 돌아오기는 했지만, 기껏해야 3년이면 또다시 떠나보내야 한다는 것을 레위의 딸은 잘 알고 있었다.

시간이 없다!

워킹맘으로서 안 그래도 해야 할 일이 산더미처럼 쌓여 있는데, 어떻게 하루 24시간을 육아에 투자할 수 있단 말인가?

이럴 때면 어린이집에 맡겨야 하나, 아니면 베이비시터를 채용해야 하나 하는 고민을 하게 된다. 어쩌면 일정 기간이라는 조건하에 그리 좋지 않은 대안은 아닐 수도 있다. 그러나 육아에는 과정이라는 게 있다.

언제까지 이런 기회가 있으리라 생각하는가?

하나님이 맡기신 자녀보다 더 중요한 것이 세상에 어디 있겠는가?

아니, 세상을 얻는다고 해도 자녀를 잃는다면, 무슨 소용이겠는가?

시간은 쏜살같이 흘러간다. 마음껏 끌어안으면서 아이콘택트를 하며 하나님의 말씀을 암송해 줄 수 있는 시간이 그나마 있다고 하는 것은 참 복된 일이다.

엄마아빠의 사랑을 의심이라도 하는 것일까?

아니면 호기심에 아기였을 때를 회상하고 싶어서일까?

고등학생인 첫째 딸은 아기였을 때 찍은 동영상을 시시때때로 즐겨 보곤 한다. 지금보다 젊었던 엄마가 자기를 힘껏 안아 주면서 머리를 정성껏 빗겨 주고 우유를 먹이고 옷을 입혀 주는 것을 볼 때면 눈물을 훔치면서 '내가 이렇게까지 사랑받으면서 컸구나!' 하는 생각을 하는 것 같다.

알고 보면 인생의 매 순간이 우리 자녀들의 마음에 신앙의 교훈을 심어 줄 기회다. 그리고 그 순간은 곧 추억으로 변한다. 언젠가부터 남편 목사님을 따라 해외 사역에 합류하게 되면서부터 딸들로부터 잦은 해외여행에 따른 불평의 목소리가 들리기 시작했다.

"엄마 아빠는 만날 비행기 타고 다니는데, 우리도 비행기 한번 태워 주세요!"

일리가 있는 말이었다. 그러나 이것 역시 신앙적 교훈을 심어 줄 기회로 삼고 싶었다. 남편과 합의하에 네 가족이 모여 무릎을 꿇고 하나님께 기도를 올렸다. 대신 엄마아빠가 기도하는 것이 아니라, 아이들이 직접 기도해야 한다는 조건을 내걸었다. 하나님은 우리의 기도를 응답하신다는 것을 가르칠 수 있는 절호의 기회였다.

"하나님, 하나님!
비행기를 타게 해 주세요!
예수님의 이름으로 기도드립니다.
아멘!"

그러나 아무런 역사가 나타나지 않아 그해 여름 휴가철에 끝내 비행기를 타지 못했다. 그다음 해에 같은 기도를 드렸고, 그다음 다음 해에도 동일한 기도를 반복했다. 하나님의 응답이 지체되자 애들 아빠는 상황을 만회라도 하려는 듯 "일단 그냥 돈 쓰고 하나님이 주셨다고 해 버리면 안 될까?" 하며 초조한 모습을 보였다. 그러나 통장에 돈이 없어서 비행기를 못 타는 것이 아니었기 때문에 끝까지 기다리기로 했다. 수년 동안의 기다림을 수포로 보낼 수는 없다는 생각이었다.

그러던 어느 날 차로 어딘가 가던 찰나에 핸들을 잡고 있던 남편을 응시하면서 말했다.

"여보, 이번에는 꼭 우리 가족 여행 떠나요!"

남편은 어이없다는 눈초리로 다그쳤다.

"돈은 어디서 나오는데?"

지난 4년 동안 기도한 공이 있는데, 그냥 우리 돈으로 가면 기다림이 너무 허탈해질 위기에 놓였다.

그런데 은행에 들러 ATM 기기로 통장 잔액을 확인해 보니 이게 웬 돈인가!

게다가 그 돈은 여행사를 통해 4인 가족의 유명 휴양지 2박 3일 패키지를 알아본 액수와 정확하게 맞아떨어졌다. 생각지도 않은 돈이 며칠 전에 입금된 것이다. 이렇게 우리 가족은 하나님의 은혜로 풀옵션 패키지 여행을 할 수 있게 되었다. 그리고 여전히 이 여행은 우리 가족에게 귀한 간증으로 남아 있다.

어린 자녀들이 가까이 있을 때 시간을 아끼라. 요게벳에게 주어진 시간은 3년이 전부였다. 결국, 남는 것은 하나님의 말씀이다.

풀은 마르고 꽃은 시드나 우리 하나님의 말씀은 영원히 서리라 (사 40:8)

당신이 얼마나 정성 들여 신앙 안에서 아이를 양육했는지는 화제를 일으킬 만한 이슈는 아닐 수도 있다. 유튜브(YouTube)에 공유할 만큼 대단한 일이 아닐 수도 있다. 그러나 엄마와 내 아이만 알면 그것으로 족하다. 아무도 알아봐 주지 않아도 괜찮다. 결국, 한 엄마와 아이가 주고받은 사랑의 이야기이니까 말이다. 나에게 그리고 내 아이에게만큼은 이 세상의 모든 돈을 주고도 살 수 없는 소중한 추억이다.

어느 날 남편이 찍은 5분 영상을 우연히 보게 되었다. 첫발을 떼지도 못한 딸이 침대 펜스에 의지해 겨우 서 있는 장면이 포착되었다. 그런데 아기가 얼마나 해맑게 깔깔대며 웃는지 이 광경을 본 순간 나는 혼란에 빠졌다. 다름 아니라 남편이 <다윗과 골리앗> 인형극을 벌

인 것이었다. 아기가 얼마나 좋아했는지 5분 내내 아기 웃음소리밖에 들리지 않았다. 며칠 후에 그 영상을 다시 보자고 했더니 아기 아빠가 쑥스러워서 영상을 삭제했다고 했다.

'이걸 어떡해?'

안타깝게도 그 영상은 다시 못 보게 되었다. 그러나 이 역시 우리 가족의 기억에 저장된 소중한 추억이다.

3년이라는 기간은 짧지만, 모세를 탁월한 지도자로 양육하기에 충분한 시간이었다.

우리가 이 세상을 떠난 이후에 우리 자녀들은 우리를 어떻게 기억할까?

인생이라는 여정 가운데 더 이상 함께하지 못할 때 그들은 무엇을 회상할까?

내 아들딸이 기억하는 엄마의 모습은 어떠할까?

잠시 사는 세상에서 자녀들에게 남기고 가는 유산은 무엇일까?

1893년 어느 날 부흥 집회 기간에 즉석에서 작곡·작사된 귀한 찬송이 하나 있다. 우리나라에는 <나의 사랑하는 책>으로 알려진 이 찬송의 제목은 본래 <어머니의 성경책>(My mother's Bible)이다. 그리고 성경을 읽으며 눈물을 많이 흘린 이는 사실 어머니가 아니라 아이다(Then she tried my flowing tears with her kisses as she said it was for me).

나의 사랑하는 책 비록 헤어졌으나
어머니의 무릎 위에 앉아서
재미있게 듣던 말 그때 일을 지금도

내가 잊지 않고 기억합니다

옛날 용맹스럽던 다니엘의 경험과
유대 임금 다윗 왕의 역사와
주의 선지 엘리야 바람 타고 하늘에
올라가던 일을 기억합니다

예수 세상 계실 때 많은 고난 당하고
십자가에 달려 죽임당한 일
어머니가 읽으며 눈물 많이 흘린 것
지금까지 내가 기억합니다

그때 일은 지나고 나의 눈에 환하오
어머니의 말씀 기억하면서
나도 시시때때로 성경 말씀 읽으며
주의 뜻을 따라 살려합니다

귀하고 귀하다
우리 어머니가 들려주시던
재미있게 듣던 말 이 책 중에 있으니
이 성경 심히 사랑합니다.

제3장

하나님의 딸

> 그 아이가 자라매 바로의 딸에게로 데려가니 그가 그의 아들이 되니라 그가 그의 이름을 모세라 하여 이르되 이는 내가 그를 물에서 건져내었음이라 하였더라(출 2:10).

3개월 끝에 더 이상 숨기지 못하게 되자 요게벳은 결단할 수밖에 없는 처지에 놓였다.

더 이상 숨길 수 없게 되매 그를 위하여 갈대 상자를 가져다가 역청과 나무 진을 칠하고 아기를 거기 담아 나일 강 가 갈대 사이에 두고(출 2:3).

역사학자 요세푸스(Josephus, 37-100)에 의하면, 아므람은 자기 아들이 이스라엘 백성을 애굽의 압제에서 해방시킬 것이라는 계시를 받았다. 그러나 거기까지. 더 알려진 바가 없다. 히브리서 기자는 이 부분에 대해 이렇게 서술했다.

믿음으로 모세가 났을 때에 그 부모가 아름다운 아이임을 보고 석 달 동안 숨겨 왕의 명령을 무서워하지 아니하였으며(히 11:23).

'아름다운 아이'라는 말은 출애굽기 2:2("잘 생긴 것을 보고…")에도 반복된다.

얼마나 귀한 아들인가?
우리 속담에 "눈에 넣어도 아프지 않다"라는 말이 있지 않은가?
어떻게 낳은 아들인데, 나일강에 던지라니!
바로가 뭐라 하든 나는 상관 안 해!
아기를 강에 던지라니, 그게 말이 된다고 생각해?
말도 안 돼!
말이 안 된다고!
어떻게 그런 일을?

그러나 끝내 요게벳이 그렇게 할 수 있었던 것은 모세가 자기 아들이 아닌 하나님의 아들이라는 믿음을 가지고 있었기 때문이다. 이것이 바로 자녀들의 삶 너머 감추어진 하나님의 섭리를 바라보는 히브리식 양육이다. 한나의 기도를 들어보라.

> 만군의 여호와여 만일 주의 여종의 고통을 돌아보시고 나를 기억하사 주의 여종을 잊지 아니하고 주의 여종에게 아들을 주시면 내가 그의 평생에 그를 여호와께 드리고 삭도를 그의 머리에 대지 아니하겠나이다(삼상 1:11).

사무엘이 젖을 떼자마자 한나는 서원대로 아들을 하나님께 바쳤다.

> 젖을 뗀 후에 그를 데리고 올라갈새 수소 세 마리와 밀가루 한 에바와 포도주 한 가족부대를 가지고 실로 여호와의 집에 나아갔는데 아이가 어리더라 (삼상 1:24).

엘가나는 라마의 자기 집으로 돌아가고 그 아이는 제사장 엘리 앞에서 여호와를 섬기니라(삼상 2:11).

엄마의 입장에서 볼 때 자녀들과 헤어지는 것이 결코 쉬운 결단은 아닐 것이다. 그러나 우리 믿음의 엄마들은 이 같은 이별을 앞두고 슬피 울기보다는 이에 영적 의미를 부여해야 한다. 유학, 취업, 결혼, 이민, 심지어 죽음이라도 여러 이유로 자녀와 헤어지는 순간이 다가올 때 오히려 한나와 같이 기쁨과 즐거움으로 하나님을 찬양하자.

내 마음이 여호와로 말미암아 즐거워하며 내 뿔이 여호와로 말미암아 높아졌으며 내 입이 내 원수들을 향하여 크게 열렸으니 이는 내가 주의 구원으로 말미암아 기뻐함이니이다(삼상 2:1).

나의 경우에는 잠들기 전에 항상 아기를 목욕시키곤 했다. 물론 축복의 선언을 하는 것은 매일 밤 치르는 우리 가족의 관례였다.
"예쁜 딸, 하나님의 딸!"
"목욕 시간, 즐거운 시간, 하나님의 딸 예뻐지는 시간!"
"우유 (짝짝짝), 우유 (짝짝짝), 우유 (짝짝짝)!"
자녀들은 일정 기간 동안 하나님이 맡겨 주신 이들임을 인정해야 한다. 서양 속담에 이런 말이 있다.

하나님이 이 세상의 모든 아이와 함께하실 수 없었기에 엄마들을 보내셨다(God could not be everywhere, and therefore he made mothers).

자녀들이 뿌리를 깊이 내리도록 도왔다면, 언젠가는 날개를 달아 그들 역시 하늘을 높이 날아 다음 세대를 향한 하나님의 뜻이 이루어지도록 맡겨야 할 때가 온다.

가슴이 찢어지는 순간이다.

'엊그제만 해도 내 품에서 마냥 즐거워하던 아이가 나와 헤어지다니!'

더 이상 아들을 힘껏 안아 줄 수 없기에 사진 한 장을 붙들고 눈물을 뚝뚝 흘리는 엄마의 모습을 상상해 보라.

세상에 이런 엄마가 한둘이겠는가?

이혼이라는 아픔을 겪어 더 이상 딸을 볼 수 없게 되거나 국내 취직난 때문에 머나먼 타국에서 구슬땀을 흘리고 있는 아들의 전화 한 통에 만족해야 하는 수많은 엄마!

그런데도 예수님의 어머니 마리아가 겪은 아픔보다 더할까?

요셉과 마리아는 아기 예수님이 세상의 구주로 탄생하신 것을 이미 알고 있었다.

> 보라 처녀가 잉태하여 아들을 낳을 것이요 그의 이름은 임마누엘이라 하리라 하셨으니 이를 번역한즉 하나님이 우리와 함께 계시다 함이라 (마 1:23).

우리 주님의 어린 시절에 대해 별다른 자료가 성경에 없는 것은 사실이다. 그러나 아이를 키우는 엄마로서 마리아가 약 16세의 이른 나이에 낳은 예수님을 얼마나 예뻐했을지 상상하는 것은 결코 어려운 일이 아니다. 어린아이의 표정, 말투 그리고 장난치는 것을 보면서 마리아는 전지전능하신 하나님이 어떻게 자기 아들을 천한 자신에게 맡기셨는지를 믿을 수가 없었다. 그저 하루하루가 행복과 감격의 순간이었다.

그러던 어느 날 예수님이 12세 되던 해에 태도가 돌변했다는 느낌을 받았다. 유월절이 되어 예루살렘을 방문했을 때 아이를 잃어버리는 사건이 있었다. 사흘 후에 성전에서 찾자 아들을 꾸짖는다는 것이 도리어 꾸짖음으로 되돌아왔다.

> 어찌하여 나를 찾으셨나이까 내가 내 아버지 집에 있어야 될 줄을 알지 못하셨나이까(눅 2:49).

무슨 말인지는 이해를 못 했으나 마리아는 이 모든 말을 마음에 두었다.

약 30년 한 지붕 밑에서 동고동락을 했던 예수님은 공생애 사역을 개시해야 한다는 이유로 하루는 집을 나갔다.

> 여우도 굴이 있고 공중의 새도 집이 있으되 인자는 머리 둘 곳이 없도다 (눅 9:58).

이 말씀을 염두에 둘 때 아마도 예수님은 부모 집에 돌아가지 않은 것으로 짐작된다. 그리고 3년 이후 집을 떠나간 아들은 마침내 십자가에 처형되었다.

마리아는 애초부터 예수님이 자기 아들이 아니라는 것을 알고 있었다. 예수님은 인류의 구속을 위해 하나님이 이 땅에 보내신 희생제물로서 마리아에게 잠시 맡겨진 것뿐이었다. 이론적으로는 충분히 이해되지만, 가슴에 다가오는 것은 아픔뿐이다.

'자기 집'(my house)이 떡하니 있는데도 불구하고, 성전을 가리켜 '아버지의 집'(my Father's house)이라고 했다. 그리고 걱정 근심을 못 이겨 온 식구를 동원해 맏아들을 찾아 나서자 이런 말을 들었다.

> 누가 내 어머니이며 내 동생들이냐 … 나의 어머니와 나의 동생들을 보라 누구든지 하늘에 계신 내 아버지의 뜻대로 하는 자가 내 형제요 자매요 어머니이니라(마 12:48-50).

이때 마리아의 심정은 어떠했을까?
맏아들을 향한 섭섭함이 극에 달하지 않았을까?
'아들아, 엄마 여기 있어.'
'내가 너를 어떻게 키웠는데?'
'어떻게 네가 나한테 이럴 수가 있니?'
마리아는 아들을 자기 품에서 내보내야만 했다.
하늘의 뜻을 이루려고 이 땅에 내려온 하나님의 아들이 아니었던가?
제자 요한을 의지해 갈보리산에 오른 마리아는 높은 십자가에 매달려 고통에 신음하는 아들을 보자마자 땅에 주저앉고 말았다. 그러자 저 위에서 30여 년 동안 들어 왔던 낯익은 목소리가 들려왔다.

> 여자여 보소서 아들이니이다(요 19:26).

"아들아, 무슨 소리야?
요한이 내 아들이라니?

말도 안 돼! 요한은 내 아들이 아냐, 네가 내 아들이지!"
예수님은 왜 요한을 아들로 맞이하라고 하셨을까?
"어머니, 이 아들은 떠나지만 또 다른 아들이 어머니를 모실 것입니다"라는 의미였을까?
그러나 어떤 말도 위로가 되지 않았다.
하나님의 영으로 잉태되어 낳은 아들이 30년 동안 같이 살다가 어느 날 아무 예고 없이 집을 떠나 3년간 배회하다가 로마 군인들에 잡혀 채찍에 맞고 흉악한 범죄자들만 처형된다는 십자가에 못 박혀 죽어가고 있다니!
이걸 어떻게 받아들인단 말인가?
이제부터는 어떻게 인생을 살아가야 한다는 말인가?
바로 그 순간 또다시 음성이 들려왔다.

> 또 그 제자에게 이르시되 보라 네 어머니라 하신대 그 때부터 그 제자가 자기 집에 모시니라 (요 19:27).

엄마들은 자녀들의 필요성을 육감으로 감지하는 일종의 촉(?)을 가지고 있다. '육아 감각'이라고들 한다.
첫째 아이가 난생처음 감기에 걸렸을 때의 기억이 지금도 생생하다. 밤새도록 심한 기침을 했는데, 기침 소리가 들릴 때마다 누군가 내 심장에 주먹질하는 고통을 느꼈다. 육아 경험이 부족한 탓도 있었겠지만, 엄마라면 내가 지금 무슨 말을 하는지 100% 이해할 것이다. 아이의 고통이 곧 엄마의 고통이라는 것, 아니 정확하게 표현하자면, 아이의 아픔이 엄마에게는 배가된다는 것 말이다. 아기를 출산하는 순간부터 한 눈은 감고 한 눈은 뜨고 잠을 청하는 것, 엄마라면 공감할 것이다.

그리고 이런 어머니의 마음은 딸이 시집가도 아들이 나이 사십이 되어도 변하지 않는다고 하니 엄마는 죽을 때까지 자녀들과의 정신적 탯줄을 끝내 끊지 못하는 존재인가 보다.

둘째 딸이 태어난 지 몇 개월이 안 되었을 때 일어난 일이다. 목과 팔 그리고 다리에 힘이 생겨 가까스로 몸을 뒤집고 기어 다니기 시작했을 시기에 하루는 아기를 침대에 두었다. 아기 아빠가 집에서 쉬고 있었기 때문에 잠시 안심해도 괜찮다는 생각이었다. 그런데 남편이 한눈파는 사이 갑자기 '쾅!' 하는 소리와 함께 예사롭지 않은 아기의 울음소리가 온 집 안에 울려 퍼지기 시작했다.

아파트 마룻바닥에 떨어져 머리가 깨진 것이었다.

곧바로 인근 병원에 달려가 응급실 앞에서 초조하게 기다리는 순간 사람들은 "저런!", "아니, 어디에 부딪혔기에 저렇게 큰 혹이 났대?" 하며 웅성거렸다. 검사 결과 다행히도 뼈에 금이 가거나 하는 큰 증상은 없었다. 며칠 동안 어지럼증을 호소할 것이라는 주의를 받았을 뿐이다. 지금도 그날을 회상하면 손에 땀이 날 정도로 긴장된다. 아마도 둘째를 향한 미안한 마음은 생을 마감할 때까지 꼬리표처럼 나를 따라다닐 것 같다.

사실 알고 보면 엄마라면 누구나 이런 마음을 갖고 있을 것이다.

이보다 더한 사건 사고가 우리 주변에 얼마나 많이 일어나는가?

부모의 가책이란 끝이 없다. 누군가에게는 성경의 은혜로운 어느 한 에피소드처럼 들릴지는 모르겠지만, 마리아의 심정은 엄마가 되지 않고서는 결코 이해할 수 없는 대목이다.

그는 실로 우리의 질고를 지고 우리의 슬픔을 당하였거늘 우리는 생각하기를 그는 징벌을 받아 하나님께 맞으며 고난을 당한다 하였노라(사 53:4).

그래서일까?
'여자는 약하나 엄마는 강하다'는 말이 있다. 엄마들은 자녀들이 아파하는 것을 차마 보지 못해 "차라리 내가 대신 아픈 게 낫지!" 하는 말을 입버릇처럼 한다.
요게벳에게는 출산한 지 3개월 만에 어려운 결심을 했다.
그런데 세 살밖에 되지 않은 아이를 다시 보내야 한다니?
그녀의 속 타는 마음에는 슬픔, 아픔, 허탈, 무기력을 포함한 온갖 감정들이 물밀듯 밀려왔다.
한번 떠나보내는 것도 감당할 수 없을 만큼 아픈 일인데, 두 번이나 떠나보내다니!
요게벳은 젖을 뗄 때 다시 바로의 딸의 손에 자기 아들을 맡겨야 한다는 것을 알고 있었기에 마음의 준비를 단단히 했을 것이다.
우리나라 CCM 중 <요게벳의 노래>라는 곡이 있다. 아들을 향한 하나님의 계획을 믿고 갈대 상자를 만들어 떠나보내는 엄마의 마음을 가장 잘 묘사한 찬양인 것 같다.

작은 갈대 상자 물이 새지 않도록
역청과 나무 진을 칠하네
어떤 마음이었을까
그녀의 두 눈엔 눈물이

흐르고 흘러
동그란 눈으로 엄마를 보고 있는 아이와
입을 맞추고
상자를 덮고 강가에 띄우며
간절히 기도했겠지

정처 없이
강물에 흔들흔들 흘러내려 가는 그 상자를 보며
눈을 감아도 보이는 아이와
눈을 맞추며 주저앉아
눈물을 흘렸겠지

너의 삶의 참주인
너의 참부모이신 하나님
그 손에
너의 삶을 맡긴다

너의 삶의 참주인
너를 이끄시는 주 하나님
그 손에
너의 삶을 드린다

이것은 이론이 아니라 실제 상황이다.

하나님이 하나밖에 없는 아들을 이 땅에 보내셨을 때의 마음은 어떠하셨을까?

인간의 시각에서 볼 때는 은혜가 넘치는 복음이지만, 성부 하나님의 입장에서는 가슴이 찢어지는 일이다.

하나님이 3시간 동안 온 땅을 어두움으로 덮으신 이유가 이 때문이 아니었을까?(눅 23:44)

어떤 가슴 아픈 사연이든 이 세상의 모든 엄마의 아픔을 한곳에 다 모은들 과연 우리 하나님 아버지의 마음과 견주어 볼 수는 있을까?

> 오히려 자기를 비워 종의 형체를 가지사 사람들과 같이 되셨고 사람의 모양으로 나타나사 자기를 낮추시고 죽기까지 복종하셨으니 곧 십자가의 죽으심이라(빌 2:7-8).

아직까지 나는 이런 이별을 몸소 경험해 보지는 못했다. 그러나 첫째가 초등학교에 입학한 날 등을 돌리고 내 곁을 떠나가는 것을 보면서 '아하! 떠나는 거구나!' 하는 생각이 들었다. 엄마는 눈을 감을 때까지 엄마로서 이 세상을 살아가는가 보다.

우리 두 딸이 내 곁을 언제 떠나게 될지 나는 모른다. 그러나 아이들의 손을 놓아야 할 날이 올 때 요게벳처럼 하나님의 높은 뜻이 있는 줄 믿고 자녀들을 떠나보내야겠다는 다짐을 오늘도 다시 해 본다.

임종을 맞이한 어느 한 믿음의 어머니가 자기 때가 이른 줄 알고 자녀들을 한 자리에 불러 모아 놓고 축복하기 시작했다.

"우리 맏아들, 이제 곧 다시 만나자!"

"얘야, 천국에서 보자꾸나."

"예쁜 우리 딸, 이 엄마가 먼저 하나님 나라를 가는 것뿐이니 너무 많이 울지 말고…."

그러나 막내아들의 순서가 이르렀을 때 노년 어머니의 표정이 바뀌더니 차가운 어조로 말했다.

"막내야, 안녕!(good bye)"

바로 그 순간 막내아들은 어린아이처럼 엉엉 울기 시작했다.

"엄마, 왜 나한테는 다시 얼굴을 안 볼 것처럼 이별하는데요, 예? 왜요? 왜냐구요? 왜?"

"니는 예수 그리스도를 믿지 않기 때문이란다."

그러자 막내아들이 죄를 회개하며 그 자리에서 예수님을 영접했다. 기도를 마친 순간 어머니의 숨넘어가는 목소리가 또다시 들렸다.

"막내야, 천국에서 우리 꼭 다시 만나!"

세월이 흘러 내가 이 세상에 더 이상 있지 않을 때 우리 딸들은 어쩌면 함께 나눈 시간을 일일이 기억하지는 못하겠지만, 남기고 간 사진과 동영상을 보면서 엄마인 내가 어떻게 젖과 말씀을 먹였는지를 재확인할 수는 있을 것이다. 어디에 있든지 나는 우리 딸들이 같은 하나님을 섬길 것이라고 확신한다. 이는 내가 좋은 엄마였기 때문이 아니라 부족하나마 매 순간 최선을 다해 하나님의 말씀으로 양육하였기 때문이다.

나는 애초부터 내 딸들이 내 것이 아니고 하나님의 딸들임을 인식하고 키웠다. 우리 딸들은 하나님이 나에게 잠시 맡겨 주신 이들로서 나의 사명은 그들을 돌보고, 가르치고, 양육하는 것이다.

보라 자식들은 여호와의 기업이요 태의 열매는 그의 상급이로다 (시 127:3).

나는 스스로를 좋은 엄마라고 단 한 번도 생각한 적이 없다. 자격 면에서는 터무니없이 부족한 사람이다. 내 주변에는 나보다 월등한 엄마들이 너무나도 많다. 그러나 내가 후회 없이 확신 있게 말할 수 있는 것은 최선을 다했다는 것이다. 우리 두 딸을 향한 하나님의 계획이 무엇인지 나는 아직 잘 모른다. 꿈꾸는 중이다. 과정 중이다. 진행형이다. 엄마로서 바라는 것은 그저 예수 그리스도 안에서 되어야 할 사람이 되라는 것이다.

우리나라 찬송가에 <어머니의 넓은 사랑>이라는 곡이 있다. 글의 내용은 제목 그대로 자녀를 향한 어머니의 사랑을 그리고 있다. 아니, 정확하게 말하면 손때 남은 어머니의 성경책을 보며 자신을 향한 사랑을 회상하는 어느 한 장성한 자녀의 마음을 표현하고 있다.

당신의 품을 떠난 자녀들은 향후 어떤 인생을 살아갈까?

당신이 더 이상 이 세상에 존재하지 않을 때 그들은 엄마인 당신에 대해 무엇을 기억할까?

어머니의 넓은 사랑 귀하고도 귀하다
그 사랑이 언제든지 나를 감싸 줍니다
내가 울 때 어머니는 주께 기도드리고
내가 기뻐 웃을 때에 찬송 부르십니다

아침저녁 읽으시던 어머니의 성경책
손때 남은 구절마다 모습 본 듯합니다
믿는 자는 누구든지 영생함을 얻으리

들려주신 귀한 말씀 이제 힘이 됩니다

홀로 누워 괴로울 때 헤매다가 지칠 때
부르시던 찬송 소리 귀에 살아옵니다
반석에서 샘물 나고 황무지에 꽃피니
예수님과 동행하면 두려울 것 없어라

온유하고 겸손하며 올바르고 굳세게
어머니의 뜻 받들어 보람 있게 살리라
풍파 많은 세상에서 선한 싸움 싸우다
생명 시내 흐르는 곳 길이 함께 살리라

제2부
인플루언서 사역자

제4장 그때

제5장 이스라엘의 어머니

제6장 여인의 영광

제4장

그때

> 그 때에 랍비돗의 아내 여선지자 드보라가 이스라엘의 사사가 되었는데 그는 에브라임 산지 라마와 벧엘 사이 드보라의 종려나무 아래에 거주하였고 이스라엘 자손은 그에게 나아가 재판을 받더라 (삿 4:4,5).

    이스라엘 백성은 20년 동안 하솔에서 통치하는 가나안 왕 야빈의 손에서 극심한 고통을 당했다. 학대가 얼마나 극에 달했으면 철 병거 900대를 보유한 야빈 왕의 압제로 인해 하나님께 부르짖기 시작했다. 그런데 하나님이 한 여성을 사사로 들어 쓰시리라는 것을 누가 상상이나 했을까?
    역사적으로 볼 때 여성의 사회적 지위가 늘 그랬듯이 구약 시대에도 남성의 그림자에 가려진 연약한 존재로 인식되던 시절이었다. 게다가 하나님이 일으키신 사사들은 옷니엘, 에훗, 삼갈, 등 죄다 남성이었다. 그러나 하나님의 역사는 본래 경악 요소가 항상 들어 있다.
    남성 우월주의 문화는 신약 시대의 팔레스타인에도 만연해 있었다. 그래서일까?
    사도 바울의 선언은 실로 파격적이다.

> 너희는 유대인이나 헬라인이나 종이나 자유인이나 남자나 여자나 다 그리스도 예수 안에서 하나이니라 (갈 3:28).

나는 해외 강연을 다니면서 이 같은 남성 우월주의 문화가 온 지구상에 얼마나 깊은 뿌리를 내렸는지를 몸소 실감하곤 한다. 어느 나라를 가나 저마다 이를 둘러싼 일종의 신화가 있다. 원인이 무엇이 됐든 놀랍게도 남존여비라는 결과는 유사하다. 할리우드 영화를 보면, 어느 한 남성이 무릎을 꿇고 여성에게 꽃을 바치며 청혼을 한다거나 앞서 달려가 자동차 문을 열어주는 낭만적인 모습이 비춰진다. 그런데 대부분 현실은 그렇지 않다. 가만히 성찰해 보면, 오히려 서양인들이 동양인들보다 훨씬 더 일그러진 남성 우월감에 사로잡혀 있다는 생각을 금하지 못할 때가 한두 번이 아니다.

도대체 하루 이틀도 아니고, 인류의 역사는 어떻게 해서 시대와 공간을 초월하여 이 같은 방향으로 흐르게 된 것일까?

깊은 고민에 빠져 있던 어느 날 나는 한 권의 책을 접하게 되었다. 저자는 여성에 관한 그레코-로만의 가치관은 "여성은 남성보다 열등하고 저주받은 존재로서 피해야 할 대상이다"라는 말로 축약된다고 주장했다. 아리스토텔레스(Aristotle, BC. 385-322)와 같은 고대 철학자들은 여성을 가리켜 '기형 남자'(mutilated man)라고 말하기도 했다.

유대인들은 어떠했나?

그들은 다음과 같이 하나님께 감사 기도를 드렸다고 한다.

> 하나님, 제가 이방인, 노예 혹은 여자로 태어나지 않은 것에 대해 감사드립니다(Thanks God for not making me a gentile, slave or a woman).

어린 시절 나는 남성 우월주의 문화가 우리나라에만 있는 줄로 알았다. 흔히 듣는 "여자가!" 하는 말에 이 같은 가치관이 일축된다.

그런데 알고 보니 지구 반대편의 수많은 여성이 같은 굴욕을 당하다니!

우리나라의 경우, 남존여비 사상은 유교에서 비롯되었다고 한다. 삼종지도(三從之道)라는 개념에는 "어렸을 때는 부모를 따르고, 출가해서는 남편을 따르고, 늙어서는 자식을 따르라"는 명령 아닌 명령이 있다. 이뿐 아니라 여성들은 "시부모에게 공경을 잘하지 못하면, 자식을 낳지 못하면, 음란하면, 질투가 심하면, 병이 있으면, 말이 많거나 도둑질을 하면 지체 없이 쫓겨나게 되어 있었다"고 한다. 게다가 여성은 남성의 도움 없이 살아갈 수 없는 존재로 인식되었다. <신데렐라>, <백설공주>, <인어공주>, <잠자는 숲속의 공주>와 같은 서양 동화를 보면, 여성에 관한 와전된 메시지가 은연 중에 전파되고 있다.

오늘날 소위 말하는 페미니즘 운동은 역으로 여존남비 사상을 내세우는데, 나는 이에 동의하지 않는다. 그런데 문제는 이 같은 남녀평등의 부재가 교회에도 자리 잡고 있다는 것이다. 대부분은 이 같은 관습은 성경이 아니라 전통에서 비롯된 것이다.

지금도 이 정도인데 수천 년 전 드보라가 등장했을 때는 어땠을까?

40여 년 전에 있었던 일이다. 우리나라의 어느 한 목사님이 미국인 선교사 친구에게 고민을 털어놓았다.

"우리 문화에서는 여성이 강단에서 올라가서 설교하는 것이 허용되지 않아요. 어떻게 하면 좋을까요?"

그러자 그 선교사는 이렇게 제안했다.

"목사님, 그냥 강단에 세우면 안 돼요?"

"당신은 미국 사람이니까 그런 말을 쉽게 하지 우리 한국 사람들에게 이것이 얼마나 어려운지 모를 거예요."

되돌아온 반응은 차가웠다. 잠시 침묵이 흐르자 미국인 선교사가 말을 이어 갔다.

"나에게 좋은 아이디어가 있어요. 우리 어머니를 강사로 불러 설교하게 하세요. 비록 여성이라도 다른 문화권에서 온 사람이니 성도들이 충분히 이해할 것입니다. 그리고 난 다음 목사님이 원하시는 강사를 세우세요. 그러면 성도들은 이것이 문화의 문제가 아니라 사역의 문제라는 것을 알게 될 것입니다."

그 이후로 그 교회는 여성 사역자들을 앞세워 놀라운 부흥을 일구었다고 한다.

예수님의 이름으로 일어서는 여성들을 막을 길은 없다. 여성으로 태어났다고 하는 이유 하나만으로 하나님이 사용하시는 데 제약이 따를 것이라는 생각은 문화의 산물이지 성경의 가치관은 아니다. 인류 역사를 보면, 악한 마귀는 여성 사역을 막으려고 심지어 고린도전서 14:34, 디모데전서 2:11과 같은 특정 성구를 인용하면서까지 온갖 교묘한 방법을 동원해 지금까지 이르렀다. 오늘날 전 세계에 바이러스처럼 퍼져 있는 여성 비하 문화는 사실 영적인 것에 그 기원이 있다. 여기서 '여자'라는 말을 주목하라.

> 내가 너로 여자와 원수가 되게 하고 네 후손도 여자의 후손과 원수가 되게 하리니 여자의 후손은 네 머리를 상하게 할 것이요 너는 그의 발꿈치를 상하게 할 것이니라 하시고 (창 3:15).

이방 왕에 의해 학대를 당하던 시절이었다.

모세와 여호수아를 통해 선포된 언약의 말씀은 어디로 사라진 것일까?

하나님이 아무도 능히 너를 대적하지 못할 것이라고 하시지 않았던가?

너희가 밟는 모든 땅을 너와 네 후손에게 줄 것이라는 약속이 있지 않았던가?

그런데 이게 웬일인가?

사사기 저자는 다음과 같이 기록한다.

> 에훗이 죽으니 이스라엘 자손이 또 여호와의 목전에 악을 행하매(삿 4:1).

그러나 죄악과 억압, 절망과 학대 속에서도 하나님은 이스라엘 백성을 구원하시기 위해 일하고 계셨다.

이런 찬양도 있지 않은가?

> 비록 내게 보이지 않아도
> 비록 내게 느껴지잖아도
> 일하시네 일하시네 주님
> 우리 주님 멈추지 않네
> Even when I don't see it
> You are working
> Even when I don't feel it

You are working

You never stop

You never stop working

하나님은 랍비돗의 아내 여선지자 드보라를 예비하고 계셨다. 이로써 드보라는 이스라엘 역사상 최초이자 유일무이한 여사사가 되었다. 하나님은 이와 같은 때를 위해 당신을 예비하셨다. 대장 되시는 예수님의 군대에는 당연히 여성이 포함되어 있다. 남성 우월주의에 대해 당신은 세 가지 입장을 취할 수 있다.

첫째, 남존여비 사상을 그대로 받아들이고 이에 수긍하는 삶을 사는 것이다. 이 같은 경우에는 나싱(nothing), 즉 아무것도 변하지 않을 것이다.

둘째, 래디컬한 페미니스트 운동가가 되어 여존남비 사상을 퍼뜨리는 것이다. 이 같은 경우에는 섬싱(something), 즉 조금의 변화를 목격하게 될 것이다.

셋째, 다양한 문화적인 요소가 있지만 드보라와 같이 인플루언서 사역자로 일어서는 것이다. 이 같은 경우에는 에브리싱(everything), 즉 모든 것이 변화될 것이다.

하나님의 말씀을 귀담아들어 보라.

> 피조물은 하나님의 자녀들이 나타나기를 간절히 기다리고 있습니다 (롬 8:19, 새번역).

어린 시절부터 나는 여성 리더로서 타고난 재능이 있다는 말을 들으면서 자랐다. 초등학생 시절 수학여행이 폐지된다는 소문이 교내에 돌자 하루는 책상에 올라가서 목이 터져라 외쳤다.

"여러분!

학교 측에서 수학여행을 폐지한다고 하니 그냥 우리끼리 가는 걸로 합시다!"

결국에는 가벼운 체벌받는 일이 발생하긴 했지만, 재미있는 추억으로 간직하고 있다.

성경에도 열심당원(zealot)이 있지 않는가?

알고 보면 하나님은 참 다양한 유형의 사람을 쓰시는 것 같다. 그러나 어떤 성품이든 쓰임 받으려면 예외 없이 다듬어져야 한다. 이 같은 단련 과정에서 우리에게 일어나는 모든 사건 사고를 이해할 수는 없다. 외부 강연을 나갈 때면 이런 말을 자주 듣곤 한다.

"사모님, 사모님은 내가 어떤 인생을 살아왔는지 절대 이해하지 못하실 거예요."

"우리 엄마는 나한테 사랑한다는 말을 한 번도 한 적이 없어요. 그래서인지 마음 한구석이 늘 텅 빈 느낌이에요."

"사람들은 우리 남편이 마냥 착한 사람인 줄로만 알고 있는데, 결코 그렇지 않아요. 집에서는 얼마나 폭력적인지 몰라요."

누구를 탓하랴?

폭력을 휘두르는 남성의 편을 들어 줄 생각은 추호도 없다.

그러나 하나님을 사랑하는 우리에게는 모든 것이 합력하여 선을 이룬다고 하지 않았는가?

때로는 고통이라는 매개체를 통해 하나님이 배후에 역사하시는 것은 아닐까 하는 묵념을 해 본다.

감당할 수 없는 슬픔과 예기치 못한 비극을 통해 비록 보이지 않아도 그리고 느껴지지 않아도 하나님이 우리 인생이라는 질그릇을 빚고 계시는 것은 아닐까?

> 내가 토기장이의 집으로 내려가서 본즉 그가 녹로로 일을 하는데 진흙으로 만든 그릇이 토기장이의 손에서 터지매 그가 그것으로 자기 의견에 좋은 대로 다른 그릇을 만들더라 … 여호와의 말씀이니라 이스라엘 족속아 이 토기장이가 하는 것 같이 내가 능히 너희에게 행하지 못하겠느냐 이스라엘 족속아 진흙이 토기장이의 손에 있음 같이 너희가 내 손에 있느니라(렘 18:3-6).

이스라엘 백성이 야빈 왕에 의해 20년 동안이나 학대받고 있을 때 하나님은 도대체 어디서 무엇을 하고 계셨나?

하나님은 드보라와 같은 여선지자를 사사로 들어 쓰시려고 배후에 일하고 계셨다.

> 예수께서 대답하여 이르시되 내가 하는 것을 네가 지금은 알지 못하나 이 후에는 알리라(요 13:7).

내 인생의 작은 전환점이 된 사건이 있다. 교회 대학부 임원으로 활동하고 있던 때였는데, 하루는 한 패스트푸드점에서 회의를 했다. 부모님 사업이 뜻대로 풀리지 않아 경제적으로 매우 힘든 시기였다. 내 기억으로 버스 요금이 1달러였는데 일주일 용돈이 3달러였으니, 교회에 오가는 길에 2달러 그리고 헌금을 드리는 데 1달러를 쓰고 나면 한 푼도 안 남았다.

그날 역시 예배를 드리고 나니 주머니에 남은 돈은 1달러가 전부였다. 친구들이 음료수와 감자튀김이 포함된 세트를 주문하는 동안 나는 1달러로 살 수 있는 메뉴가 무엇인지 확인하기 위해 가격표를 위아래로 쭉 훑어보았다. 그때 눈에 들어온 것이 바로 1달러 치즈버거였다.

"은경아, 너는 배가 안 고픈가 봐, 햄버거 하나만 시키게!"

"어, 그게…."

이를 악물었다. 음료가 없던 탓인지 햄버거가 목에 걸려 안 넘어갔다. 그날 무슨 이야기를 나누었는지는 전혀 기억에 남지 않았다. 모두와 헤어지고 난 후 나는 30블록이나 떨어진 집까지 푸념 섞인 기도를 드리며 엉엉 울면서 걸어갔다.

"와이 미?"(why me?)

"내가 뭘 그렇게 큰 죄를 지었다고 이러시죠?"

"남들이 다 갖고 있는 걸 왜 나한테는 주지 않으시는 거죠?"

"지금은 알지 못하나 이후에는 알리라"고 하지 않았던가?

하나님은 나를 훈련시키고 계셨던 것이었다.

> 그러나 내가 가는 길을 그가 아시나니 그가 나를 단련하신 후에는 내가 순금 같이 되어 나오리라(욥 23:10).

이 때문인지 사역자로서 나는 사람들의 필요성을 파악하는 데 나름대로 일가견이 생겼다. 지금도 어디를 가면 특별한 상황을 제외하고는 내가 겪었던 어려움을 겪는 성도가 있을 수 있겠구나 하는 생각에 먼저 계산을 하는 편이다. 지난날을 뒤돌아보면, 하나님이 나를 강사로 쓰시려고 단련시키고 계셨다는 확신을 다시 한번 하게 된다.

당신은 인플루언서 사역자다!

하나님은 사역의 세계로 당신을 이끄신다. 여기서 사역(ministry)이라 함은 목회 사역을 가리키는 것이 아니라 하나님을 섬기는 모든 영역을 포함한다. 모든 크리스천 여성이 사모(pastor's wife)의 소명을 받은 것은 아니지만, 사역자(minister)로서 부르심을 받은 것은 부인할 수 없는 사실이다. 거듭 강조하지만, 하나님 나라에는 여성 사역자들이 있다.

성경은 하나님 능력의 손에 붙들려 귀하게 쓰임 받은 여성 사역자를 나열한다. 사라, 리브가, 미리암, 룻, 마리아, 유니아 등 명단은 끝이 없다.

기독교 역사에서도 보면, 수재나 웨슬리(Susanna Wesley, 1669-1742), 아만다 베리 스미스(Amanda Berry Smith, 1837-1915), 에이미 카마이클(Amy Carmichael, 1867-1951), 코리 텐 붐(Corrie Ten Boom, 1892-1983) 등, 하나님의 영에 붙들려 한 시대에 하나님의 뜻을 이룬 수많은 여성이 있다.

드보라를 선택하시고 들어 쓰신 하나님이 해야 할 일이 있으시기에 지금 이 시각 당신을 도구로 선택하신다.

어두움에 잠긴 세상에 일어나 여호와 영광의 빛을 발하라!

일어나라 빛을 발하라 이는 네 빛이 이르렀고 여호와의 영광이 네 위에 임하였음이니라 보라 어둠이 땅을 덮을 것이며 캄캄함이 만민을 가리려니와 오직 여호와께서 네 위에 임하실 것이며 그의 영광이 네 위에 나타나리니 나라들은 네 빛으로 왕들은 비치는 네 광명으로 나아오리라(사 60:1-3).

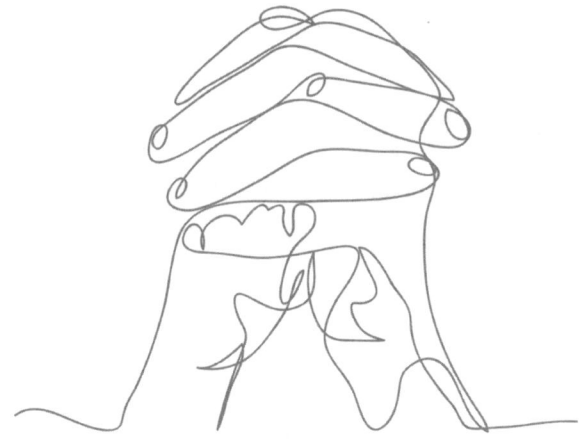

제5장

이스라엘의 어머니

> 이스라엘에는 마을 사람들이 그쳤으니 나 드보라가 일어나 이스라엘의 어머니가 되기까지 그쳤도다(삿 5:7).

야빈 왕의 20년 압제 끝에 하나님은 여선지자 드보라를 사사로 세우셨다. 그녀의 리더십이 얼마나 대단했는지 이스라엘 자손은 에브라임 산지 라마와 벧엘 사이에 있는 드보라의 종려나무에 나아가 재판을 받았다고 성경은 서술한다. 여기서 '드보라의 종려나무'는 드보라가 심은 종려나무라는 뜻도 되지만, 드보라가 종려나무를 그늘 삼아 일종의 대법원을 꾸려 나갔다는 견해에 무게가 실린다. 오늘날로는 당신의 이름이 새겨진 도로명이 있다는 것에 맞먹는 일일 것이다. '심은경로', 생각만 해도 벅차지 않은가?

드보라의 영향력이 얼마나 막강했는지 여실히 드러내는 대목이다. 그러나 중요한 것은 영향력이 아니라 소명이다. 당신이 나에게 미니스트리가 무엇인지 묻는다면, 하나님이 당신에게만 부여하신 소명(calling)으로서 그 어떤 사람도 이를 대체할 수 없는 사명(mission)이라고 정의하고 싶다. 하나님은 무가치한 일에 우리가 시간을 낭비하기보다는 높은 곳에 뜻을 두고 인생을 내걸기를 원하신다. 드보라를 향한 하나님의 계획은 백성을 재판하고 말씀을 대언하는 것뿐만 아니라 하솔 왕의 손에서 이스라엘 백성을 구원시키는 것이었다. '상황이 리더를 만든다'는 말이 있지만, 수많은 백성 중 어떤 이들은 분명히 여성 지도자를 쉽게 받아들이지는 않았을 것이다.

'연약한 여인이 남자 왕과 맞장뜬다고?'

'드보라는 책상에 앉아 판결을 잘할지는 몰라도 철병거 900대와 대결하기에는 핸디캡이 있지.'

'아니, 우리 중에 상남자가 없어서 여자한테 우리 미래를 맡겨?'

그런데도 드보라는 그 어떤 비판의 목소리에도 멘탈이 흔들리지 않았다. 하루는 군대 장관 바락을 불러 이렇게 말했다.

> 이스라엘의 하나님 여호와께서 이같이 명령하지 아니하셨느냐 너는 납달리 자손과 스불론 자손 만 명을 거느리고 다볼 산으로 가라 내가 야빈의 군대 장관 시스라와 그의 병거들과 그의 무리를 기손 강으로 이끌어 네게 이르게 하고 그를 네 손에 넘겨 주리라 (삿 4:6-7).

극도의 긴장감이 맴도는 순간이었다. 그러나 드보라를 사로잡은 주의 영이 우리 역시 역경을 극복할 수 있도록 감동을 주신다.

남편과 함께 목회 사역을 하면서 겪은 가장 큰 경제적인 위기는 새 성전을 건축할 때 발생했다. 성전 부지는 구입했지만 건물을 리모델링하는 데 재정이 바닥난 상황이었다. 사례금을 받는 대로 헌금을 드리니까 가정의 여건도 말이 아니었다. 나는 피부가 하얀 탓에 학생 시절부터 늘 고가의 선크림을 바르고 다녔다. 그런데 성전 건축을 하는 내내 거의 1년 동안 한 푼이 아까운 상황이었기에 선크림을 바르지 못했다. '피부에 양보하세요'가 아니라 '하나님께 양보하세요'가 되어 버렸다. 어른 세대가 목회했던 환경에 비하면 우리 세대가 겪는 것은 고생이라는 말이 무색할 만큼 비교 대상조차 안 된다. 그러나 자외선 차단제를 바르지 않자 몇 개월 만에 얼굴에 얼룩덜룩 마른버짐이 마구 생겨났다. 남성들은 잘 모르겠지만, 여성의 입장에서는 생활비 몇십 만 원을 아낀다고 이렇게 되는 것은 매우 속상한 일이다.

한두 달도 아니고, 하루는 더 이상 못 참겠다는 생각을 떨치지 못해 남편 목사님에게 이렇게 소리쳤다.

"나 빨간색 바지 좀 사서 입어야겠어요!"

"옷도 못 사 입고, 이게 뭐예요?"

"지금 당장 사 줘!"

마침 한인 상가들이 밀집해 있는 여성 의류 패션 거리에 심방을 가고 있던 길이었는데, 말이 떨어지자마자 저 멀리 우리나라에서 소위 말하는 어느 삼촌(?)이 핸드카트에 옷을 잔뜩 싣고 뛰어가는 모습이 포착되었다! 순간 무엇인가 길가에 주르르 떨어졌다. 차량을 세워 보니 여성 옷이었다. 목청이 터져라 외쳐 상황을 알렸더니 바로 돌아와 옷을 줍고 핸드카트에 다시 싣더니 또다시 뛰기 시작했다. 도매상답게 주문이 밀려 매우 바빴나 보다. 그런데 또다시 무엇인가를 하나 떨어뜨리고 시야에서 사라져 버리고 말았다.

몇 발자국을 걸어 주워 보니 다름 아닌 빨간색 바지였다!

집에 돌아오자마자 남편은 내 손에 쥐어진 쇼핑백을 응시하면서 머쓱하게 말을 건넸다.

"그거 한번 입어 봐."

별로 내키지는 않았지만, 입어 보니까 이게 웬일?

내게 사이즈가 딱 맞았다!

'이스라엘 사람들이 광야에 있는 동안 하늘에서 떨어지는 만나를 먹었다더니, 하나님이 나를 위해 빨간색 바지를 제작해서 하늘에서 뚝 떨어뜨려 주시네!'

믿어지지 않았다. 그 이후 '하늘에서 떨어진 바지' 이야기를 하기 위해 해외 강연을 하러 갈 때면 꼭 이 바지를 챙겨 가곤 한다.

철병거 900대를 보고 무서워하지 말고, 역경을 만났을 때 뒤로 물러서지 말라. 강하고 담대하라. 하나님이 반드시 승리의 자리로 당신을 이끄실 것이다. 하나님 아버지의 사랑과 어린양 예수 그리스도의 보혈과 성령의 기름 부음이 우리와 함께 있으므로 기필코 넉넉히 이긴다.

하나님은 우리를 홀로 내버려 두시지 않는다. 바락이 시스라를 물리쳤을 때 여호와께서 시스라와 그의 모든 병거와 그의 온 군대를 칼날로 혼란에 빠지게 하시니 시스라가 병거에서 내려 걸어서 도망했다고 성경은 증언한다. 하나님을 섬기는 데 남녀구분은 없다. 그리스도의 몸은 여러 지체로 구성되어 있고, 거기에는 남성과 여성이 있다. 따라서 여성들이 남성보다 앞장서야 한다거나 남성을 짓밟아야 한다는 값싼 여성주의 이론에 나는 동의하지 않는다. 남성 여성 할 것 없이 우리 모두는 왕이신 예수 그리스도를 섬기는 주의 군사들이다. 즉, 하나님을 섬긴다는 것은 곧 남성들과 교류해야 한다는 의미를 내포한다.

드보라는 바락이라는 믿음의 친구가 있었다. 그런데 여기서 재미있는 것은 드보라가 이방인들과 싸울 것을 명했을 때 군대 장관 바락이 한 말이다.

만일 당신이 나와 함께 가면 내가 가려니와 만일 당신이 나와 함께 가지 아니하면 나도 가지 아니하겠노라(삿 4:8).

지금의 남편을 만났을 때 나는 그가 비전의 사람이라는 것은 잘 알고 있었지만, 그 비전이 구체적으로 무엇인지는 모르고 있었다. 해외 집회는 둘째 치고 매년 2-3권 정도 출간되는 책을 볼 때마다 '아, 이 사람이 책을 무진장 좋아하긴 좋아하나 보다' 하는 생각뿐이었다. 온 세상을 얻었다는 밝은 표정으로 새로 발간한 책을 건넬 때마다 나는 앞표지를 보고 커피 받침대로 썼다. 그때는 아이들도 어렸기 때문에 외부 사역보다는 육아를 감당하기에도 벅찬 나날이었다. 관심이 없었다기보다는 체력이 달리고 여유가 없었다.

그러던 어느 날 남편 목사님은 나에게 함께 여행할 것을 제안했다.
"이번에는 국내 집회인데, 나와 같이 비행기 타고 가는 것 어때요?"
세계 관광명소인 안데스산맥을 렌터카로 온종일 누비며 다녔다.
'이게 도대체 얼마만의 여유인가?'
제2의 신혼여행을 온 것만 같았다. 행복했다. 그런데 사실 이번에는 대형 집회가 아니라 리더들을 위한 일종의 세미나였기 때문에 쉬는 시간도 많았고, 내 기억으로 참석자 수는 약 40명 정도에 그쳤다.

그날 밤 그 교회 담임목사님과 대화를 나누는 남편의 모습을 멀리서 지켜봤다. 기왕이면 수요일 밤 세미나는 평신도들도 함께하면 좋겠다는 마음을 살짝 비춘 모양이었다. 현지인 목사님은 고개를 절레절레 흔들면서 "목사님의 뜻이 그렇다면 세미나를 오픈하겠지만, 별로 기대하지는 마세요"라고 말하는 것을 엿들었다.

'그런데 이게 무슨 일인가!'

그다음 날 아무 광고 없었는데도 1천 명 이상이 성전을 가득 메운 것을 본 순간 나는 무릎을 치며 '아하! 이 사람이 집회를 하는 일에 뭔가 있긴 있나 보다' 하는 생각이 들었다. 그동안 한 지붕 밑에서 같이 살았어도 이렇게 라이브로 많은 사람 앞에서 유창하게 설교하는 모습은 처음 보았다.

2014년에 있었던 일이니 알고 보면 얼마 안 되었다. 그때부터 나는 남편 목사님을 존중하기 시작했다.

사역 면에서도 하나가 되었다고 할까?

그 이후로 나는 한 번도 빠지지 않고 항상 남편의 해외 집회를 따라다녔다. 이제는 어떤 모임이든 초대받으면 남편 목사님과 동행한다. 이제는 아예 '닥터 김아리엘은 항상 사모님과 같이 오기 때문에 두 자리를 비워 두어야 해' 하는 말이 교계에 나돈다고 할 정도가 되었다. 예전에는 그렇지 않았는데, 어떻게 하다 보니 그렇게 되었다. 사역에서 남편은 나의 좋은 친구다. 교회가 돌아가는 일, 외부 강연에서 생긴 일 할 것 없이 마음을 터놓고 이야기를 할 수 있는 것만으로도 감사한데, 남편은 시시때때로 적중한 말씀으로 내 마음을 터치한다.

최근 일이지만 내가 얼마나 사역에 도움이 되는지 눈치챈 남편 목사님은 바락처럼 같이 가자고 조른다.

내가 옆에 있으면 사람들이 더 잘해 준다나?

웃을 일이다. 그러면서 외부 집회 초청이 있을 때마다 입버릇처럼 말한다.

> 그대가 나와 함께 가면 나도 가겠지만, 그대가 나와 함께 가지 않으면 나도 가지 않겠소(삿 4:8, 새번역).

이제는 코디와 비서 역할을 하기 위해 동행하기보다는 여성들을 위한 강연을 하기 위해 집 밖을 나선다. 처음에는 그저 인사말을 하는 것으로 시작된 사역이 오늘날 이렇게까지 커질 줄 꿈에도 몰랐다. 나만의 무대가 마련되어 있다는 것을 생각하는 것만으로도 행복하고 또다시 가슴이 뛴다. 여성 사역자로서 여성들을 위한 강연을 하는 것이 나의 블루오션이다.

그렇다고 해서 남편 목사님과 경쟁하는 사이는 결코 아니다. 최근에는 <인플루언서 여성> 강연에 나만 초대받은 적이 있는데, 행사를 주관하는 주최 측 관계자에게 남편 역시 강의를 최소한 1-2회는 해야 한다는 이유로 항공권 두 장을 요구했다. 이로써 또다시 열방 한가운데서 우리 부부는 하나님의 소명을 이루었고, 지금도 진행형이다.

특히 해외에 나갈 때마다 느끼는 것인데, 두 사람이 한 사람보다 낫다는 것이다.

컨디션이 안 좋을 때 기댈 수 있고, 일정에 대한 사소한 이야기마저 나눌 수 있는 상대가 있다는 것이 얼마나 행복한 일인가?

> 두 사람이 한 사람보다 나음은 그들이 수고함으로 좋은 상을 얻을 것임이라 혹시 그들이 넘어지면 하나가 그 동무를 붙들어 일으키려니와 홀로 있어 넘어지고 붙들어 일으킬 자가 없는 자에게는 화가 있으리라 … 한 사람이면 패하겠거니와 두 사람이면 맞설 수 있나니 세 겹줄은 쉽게 끊어지지 아니하느니라(전 4:9-10, 12).

여호와의 도움으로 야빈을 물리친 후 바락이 지켜보는 가운데서 드보라가 한 말이 매우 인상적이다. 여기서 '그쳤다'는 말은 '사라졌다'(ceased)는 뜻이다.

> 이스라엘에는 마을 사람들이 그쳤으니 나 드보라가 일어나 이스라엘의 어머니가 되기까지 그쳤도다(삿 5:7).

왜 드보라는 자신을 일컬어 '여선지자' 또는 '사사'라고 하지 않았을까?

이 같은 명칭의 특징은 아무래도 어느 한 조직 및 기관 내에서 부여하는 포지션, 즉 직위를 가리킨다. 이스라엘이라는 민족 차원에서 드보라는 엄연한 사사였다. 그러나 드보라는 스스로를 '이스라엘의 어머니'(a mother in Israel)로 소개했다. 이렇듯 사역자는 어머니의 심장을 가진 사람으로서 이는 교회 또는 교단이라는 기관이 부여한 사모, 전도사, 권사, 집사, 부장, 교사 그 이상의 뜻깊은 의미를 담고 있다. 교회에서 당신이 어떤 직분을 가지고 있든 어머니의 마음을 갖는 것이 사역의 본질이다.

나는 신학을 공부하면서 종교 개혁 시대 이후 지나친 제도화 과정을 통해 목회자를 영적 아버지(spiritual father)로 그리고 사모를 영적 어머니(spiritual mother)로 간주하는 교회 문화가 매우 퇴보했다는 것을 배웠다. 교회가 성장하면 그만큼 제도화되는 것은 어찌 보면 당연한 이야기이지만, 목회자를 그저 종교인(religious)으로 보는 것은 매우 위험한 일이라고 평가한다. 오늘날 유럽에서는 목회자를 국가 공무원과 별반 다를 것 없는 종교인으로 보는 경향이 매우 짙다. 한편 구교에서는 전통적으로 사제를 가리켜 '파더'(father), 즉 영적 아버지라고 호칭한다.

성경에 보면, 목사의 활동 영역은 예를 들어 예배와 같은 종교적인 요소에만 국한되지 않는다. 교회에는 어느 한 종교 기관이라는 틀을 능가하는 영적 부모와 영적 자녀들의 친밀감이 숨겨져 있다. 사도 바울과 갈라디아 성도의 관계를 주목해 보라. 다시 말하는데, 이 같은 서신들은 발신자와 수신자의 관계성을 충분히 숙지하지 않고서는 결코 이해할 수 없는 글이다.

> 나의 자녀들아 너희 속에 그리스도의 형상을 이루기까지 다시 너희를 위하여 해산하는 수고를 하노니(갈 4:19).

여기서 '자녀'라는 말은 그리스어로 '테크나'(tekna)다. 이 낱말은 에베소서 6:1, 골로새서 3:20에도 반복된다. 내가 보기에는 영적 아버지 또는 영적 어머니라는 칭호는 성경의 가르침과 일치하는 것을 뛰어넘어 하나님 아버지의 마음을 가장 잘 표현하는 개념인 것 같다.

> 너는 내 아들이라 오늘 내가 너를 낳았도다(시 2:7).

즉, 친밀감과 관계를 말한다. 목회자가 아버지의 마음으로 양들을 목양해야 하듯이 여성 사역자들은 어머니의 마음을 가지고 사역에 임해야 한다.

> 내가 또 내 마음에 합한 목자(pastors)들을 너희에게 주리니 그들이 지식과 명철로 너희를 양육하리라(렘 3:15).

그러면 영적 어머니가 하는 일은 무엇인가?

육의 어머니가 자녀들을 돌보고 선한 길로 안내하듯이 영의 어머니는 자녀들을 생명의 길로 인도해야 한다. 엄마는 자녀를 위해 희생한다. 엄마는 아이를 낳는 순간부터 생명이 다하기까지 자녀들의 모든 필요성을 충족시키며 어떤 상황에도 혼자 내버려 두지 않으며, 자녀들에게 속상한 일이 생기면 두 배로 고통스러워하는 존재다.

'엄마', '엄마', '엄마', 그 이름을 부를 때마다 눈물이 나는 것은 왜일까?

드보라가 이스라엘의 어머니로 일어났던 것처럼 새 성전을 건축할 당시 나는 우리 교회의 영적 어머니로 일어났다. 재정이 바닥난 상황에서 우리 여성들도 무엇인가를 할 수 있다는 생각에 잠을 설친 적이 한두 번이 아니다. 결국 내가 가장 아끼던 진주 반지와 목걸이 세트를 건축 헌금으로 드리기로 작정했다. 솔직히 말하자면 결혼 예물로 받은 금목걸이와 다이아몬드 반지, 본래 가지고 있던 명품 시계를 바치면 그만이라는 유혹이 있었지만, 성경의 야간이 따로 없다는 생각에 모두가 잠든 시각에 내 아이들(?)과 작별 인사라도 하듯 진주 반지와 귀고리 그리고 목걸이 세트를 착용해 보았다. 눈물이 좔좔 흘렀다.

'이게 뭐 그렇게 대단한 거라고?'

그러나 진정한 영적 어머니가 되기 위해서는 가장 아끼던 것을 주의 제단 앞에 드려야만 했다.

그다음 날 예배 도중 광고 시간에 나는 드보라와 같은 영적 어머니로서 여선교회 회원들에게 말했다.

"사랑하는 성도 여러분, 아무것도 할 수가 없다고 생각하지 마십시오. 우리도 하나님의 집을 짓는 데 도움이 될 수 있습니다. 여기에 내가 가장 아꼈던 진주 반지, 귀고리 그리고 목걸이를 하나님께 바칩니다."

그 순간 온 예배실은 눈물바다가 되었다. 감동한 여선교회 집사들은 그다음 주일날 강단에 명품 시계, 금반지, 진주 목걸이 등 결혼 예물을 바쳤다. 그 봉헌 덕에 마침내 새 성전이 완공될 수 있게 되었다.

인플루언서 사역자는 다름 아닌 영적 어머니다. 당신이 지금 어떤 사역을 하고 있든, 어떤 직분을 가지고 있든, 영적 어머니로 일어나라.

> 일어나라 이는 여호와께서 시스라를 네 손에 넘겨 주신 날이라 (삿 4:14).

드보라가 여선지자 또는 사사가 아닌 영적 어머니로 일어선 그날이 곧 이스라엘이 해방된 날이다. 영적 어머니가 일어나면 그녀와 함께 수많은 영적 자녀가 더불어 일어서서 함께 싸우기 때문에 결국에는 모두가 승리의 개가를 부르게 되어 있다.

제6장

여인의 영광

> 드보라가 사람을 보내어 아비노암의 아들 바락을 납달리 게데스에서 불러다가 그에게 이르되 이스라엘의 하나님 여호와께서 이같이 명령하지 아니하셨느냐 너는 납달리 자손과 스불론 자손 만 명을 거느리고 다볼 산으로 가라 내가 야빈의 군대 장관 시스라와 그의 병거들과 그의 무리를 기손 강으로 이끌어 네게 이르게 하고 그를 네 손에 넘겨 주리라 하셨느니라 바락이 그에게 이르되 만일 당신이 나와 함께 가면 내가 가려니와 만일 당신이 나와 함께 가지 아니하면 나도 가지 아니하겠노라 하니 이르되 내가 반드시 너와 함께 가리라 그러나 네가 이번에 가는 길에서는 영광을 얻지 못하리니 이는 여호와께서 시스라를 여인의 손에 파실 것임이니라 하고 드보라가 일어나 바락과 함께 게데스로 가니라 (삿 4:6-9).

바락이 어떤 이유로 혼자 가려고 하지 않았는지 알 길이 없다. 그는 드보라가 지시한 대로 따라야 하는 군대 장관이 아니었던가? 게다가 그와 함께한 1만 명의 군사들이 있지 않았던가?

"충성!

나 군대 장관 바락은 오늘부로 시스라를 물리치라는 명을 받았기에 이에 신고합니다!

충성!"

"사사님은 아무래도 여성이니 이곳에 가만히 계시는 것이 안전할 것입니다."

"저에게 모든 것을 맡기십시오. 반드시 이기고 돌아오겠습니다."

본래 이런 대화가 오갔어야 하지 않은가?

여기서 팩트는 바락이 선제 조건을 내세웠다는 것이다. 언뜻 보면 불순종처럼 보인다. 다른 편으로는 용감하지 못하다는 견해도 있다. 어찌 됐든 드보라는 함께 가겠다고 수락했다. 때로는 여성이 남성보다 대담할 때가 있다. 드보라가 한 말을 유의 깊게 살펴보라.

> 내가 반드시 너와 함께 가리라 그러나 네가 이번에 가는 길에서는 영광을 얻지 못하리니 이는 여호와께서 시스라를 여인의 손에 파실 것임이니라… (삿 4:9).

쉽게 말해 여인이 영광을 얻을 것이라는 말인데, 이게 도대체 무슨 뜻일까?

"헐, 당신 남자 아냐?

어떻게 여성인 나한테 같이 가자고 하는 거지?"

"당신은 군대 장관이라고!

내가 함께 가지 않으면 당신도 안 가겠다는 게 말이 된다고 생각해요, 지금?"

"정 그렇다면, 이번에 같이 가기는 하겠지만, 이번 영광은 여인에게 돌아갈 테니 그런 줄 아세요."

신체적인 조건만을 놓고 볼 때 여성이 남성에 비해 약한 존재인 것은 맞다. 그러나 인생을 살다 보면, 우리도 스스로 놀랄 만큼 전투적인 자세를 취할 때가 있다. 가족을 지킨다거나 생계를 유지할 때 그리고 특별히 여성 크리스천으로서 하나님을 위해 헌신하는 일에 이런 정신력을 발휘한다.

　1992년 러시아 모스크바에서 있었던 일이다. 크렘린(Kremlin) 궁전에서 수많은 사람 앞에서 복음이 선포되자 사람들은 열광했다. 그런데 부흥 집회 3일째 되던 날 어떤 영문인지 궁전이 폐쇄되어 버렸다. 인터넷 시대도 아닌지라 이런 일이 있을 것이라고 상상도 하지 못한 수많은 인파는 이미 장사진을 이루었고, 이에 당황한 강사 목사님과 주최 측 관계자들은 발을 동동 구르고 있었다.

　바로 그때 동행한 사모님이 나무라듯 소리쳤다.

　"어서 나가 광장에서 설교하세요!"

　본래 통역을 담당했던 사람도 사라지자 사모님은 곳곳을 뛰어다니며 끝내 유능한 여성 통역사를 찾아냈다. 그날 하나님이 얼마나 강하게 역사하셨는지 지난 이틀 동안 궁전에 자리가 없어 입장하지 못한 수많은 사람이 그 유명한 붉은 광장(Red Square)에서 하나님의 말씀을 듣게 되었다.

　세상은 당신이 믿음으로 일어나기를 기다리고 있다. 예수님의 마음에 감동을 줘 마침내 자기 딸에게서 흉악한 영이 떠나게 했던 수로보니게 여인처럼 하나님의 꿈을 이루라. 강하고 담대한 마음을 소유할 때 하나님은 당신의 사역을 통해 큰 영광을 받으실 것이다.

　하나님이 바락 앞에서 시스라와 그의 모든 병거와 그의 온 군대를 칼날로 혼란에 빠지게 하시자 시스라가 병거에서 내려 걸어서 도망갔다고 한다. 성경은 하솔 왕 야빈과 겐 사람 헤벨의 집 사이에 화평이 있던 연고로 시스라가 헤벨의 집에 이르렀다고 설명한다. 극심한 갈

증을 해소하기 위해 우유를 마시고 난 후 만일 누군가 와서 사람이 있느냐고 물으면 없다고 하라고 타일렀다. 시스라가 깊이 잠들자 헤벨의 아내 야엘이 장막 말뚝을 가지고 손에 방망이를 들고 말뚝을 그의 관자놀이에 박자 말뚝이 꿰뚫고 땅에 박히고 말았다.

얼마 안 있어 바락이 근처를 지나가자 야엘이 집으로 들어올 것을 청했다.

> 오라 네가 찾는 그 사람을 내가 네게 보이리라(삿 4:22).

드보라가 여인이 영광을 취할 것이라고 그의 군대 장관에게 말했을 때 나는 드보라가 자기 자신을 가리켜서 하는 말인 줄로 이해했는데, 그것이 아니었다. 하나님은 야엘이라는 또 다른 여인의 손에 야빈 왕의 군대 장관을 내어 주신 것이었다. 그러므로 여기서 여인의 영광이라는 것은 드보라의 영광이 아니라, 헤벨의 아내 야엘의 영광인 것이다.

요약해서 말하면, 하나님은 드보라와 같은 여선지자를 이스라엘의 사사로 허락하신 것뿐만 아니라, 야엘이라는 무명의 여인을 통해 야빈 왕의 압제에 대한 마침표를 찍으신 것이다.

한마디로 사사기 4-5장은 성령에 사로잡혀 하나님으로부터 쓰임 받은 여성들의 이야기다!

이 말씀을 묵상할 때면 야엘이 도대체 어디에서 이런 초인적인 힘을 얻었을까 하는 의문을 던지지 않을 수 없다. 사사기 5:30을 보면, 그 당시 여성들은 군사들에게 일종의 상급처럼 나누어지기도 하는 노략물에 불과했다고 한다. 끔찍한 일이 아닐 수 없다. 이 모든 정황을 염두에 둘 때 드보라가 얼마나 대단한 인플루언서 사역자였는지를 알 수 있다. 분명히 야엘은 드보라에게서 영감과 도전을 받았을 것이다. 드보라가 이스라엘의 어머니로 일어서자 자신의 영적 어머니를 닮고자 하는 마음이 야엘에게서 샘솟듯 생겨났을 것이다. 결국, 영광은 야엘에게로 돌아갔다.

나는 남편 목사님을 따라 외부 집회에 갈 때면 어떻게든 사역에 도움이 되어야겠다고 생각했지, 내가 무대에 올라 수많은 여성 앞에서 강연할 것이라고는 꿈에도 상상하지 못했다. 서양에서는 강사를 소개할 때면 사모도 함께 강단에 올라오도록 초대하는 것이 관례다. 그럴 때면 잠시 마이크를 붙잡고 인사말을 하는 것이 내 역할의 전부였다.

그러던 어느 날 외부 강연을 나가기 시작하면서부터 남편 목사님의 그늘에 가려 묵묵히 뒤에서 쫓아가는 전통적인 아내형 혹은 비서형의 사모가 아닌 여성들을 대상으로 적극적으로 사역하는 동역자형 사모가 되어야 하겠다는 결심하게 되자 하나님이 여기까지 인도하셨다.

4억 5천만 건의 다운로드 횟수를 기록한 유버전(YouVersion) 성경 앱에 얼마 전부터 '말씀 묵상 계획'(Bible Plans)을 기재하기 시작했는데, 6개월 만에 팔로어 수가 거의 10만 명에 이르게 되었다. 하나님이 하신 일이고 모든 것이 은혜로 주어진 것이다. 나는 지금까지 늘 입버릇처럼 남편 덕이라고 말했다. 실제로 남편은 나를 위해 무대를 만들어 주는 데 힘을 쏟는다. 예를 들어, 2박 3일 일정에 6개의 강연이 있다고 하면, 주최 측의 의견을 물은 뒤 2개의 강의는 나에게 양보(?)한다.

그런데 최근에 참 재미있는 일이 생겼다. 미국 최고의 강사들이 섭외될 정도로 중미에서는 꽤 알려진 플랫폼인데, 나의 스페인어 책 『인플루언서 여성』(*La Mujer Influencer*)을 보고 나를 메인 강사로 지목해 여성 집회를 하겠다는 것이었다. 이로써 상황이 역전되어 내가 남편 목사님을 섭외해서 가는 계기가 되었다. 처음에는 '내가 당신을 데리고 간다' 한 남편이 나중에는 '당신이 안 가면 나도 안 간다'로 발전되어 요즘은 '나 좀 데리고 가줘'로 상황이 반전되었으니 웃음이 절로 나올 뿐이다. 부족한 나를 여성 사역자로 쓰시는 하나님께 감사할 따름이다.

야엘이 영광을 취한 비결은 무엇인가?

야빈 왕의 압제에 대한 종지부를 찍기 위해 하나님이 무명의 어느 한 여인을 들어 쓰신 이유는 어디에 있을까?

야엘이 한 일이 이스라엘 역사에 얼마나 길이 남을 만한 업적이었으면 사사기의 저자는 다음과 같이 기록했다.

> 이와 같이 이 날에 하나님이 가나안 왕 야빈을 이스라엘 자손 앞에 굴복하게 하신지라 이스라엘 자손의 손이 가나안 왕 야빈을 점점 더 눌러서 마침내 가나안 왕 야빈을 진멸하였더라 (삿 4:23-24).

아직도 여성 사역에 대한 다양한 신학적 노선과 입장이 있다는 것을 나도 잘 인식하고 있다. 그러나 나는 호불호가 갈리는 어떤 제도에 대한 찬반 논란을 떠나 여성을 도구로 쓰시는 하나님을 찬양한다. 내가 보기에는 하나님이 여성을 쓰시는 이유 중 하나가 바로 영적인 촉인 것 같다. 요즘 들어 촉 만점인 남성도 증가하는 추세인 것 같다. 그러나 대체로, 상황을 감지하는 여성의 감각이 상대적으로 뛰어나다. 이는 평등 또는 우월감을 가리키는 것이 아니라 다름을 말하려는 것이다. 이 다름 때문에 영광은 바락이 아닌 야엘에게로 돌아갔다.

나는 외부 강연을 나갈 때마다 남편과 식탁에 마주 앉아 커피 한 잔을 마시면서 집회에 대한 사소한 이야기마저 나눌 때 참 행복하다. 서로 느끼고 있는 어떤 영적 분위기가 있다면, 그것이 긍정적이든 부정적이든 공유하는 것이 매우 중요하다고 우리 부부는 생각한다. 그래야 보다 적중한 메시지를 전할 수 있기 때문이다.

몇 년 전에 있었던 일이다. 평소와 다름없는 해외 집회였는데, 남편 목사님이 나에게 극찬을 늘어놓았다.

"하나님이 당신을 참 귀하게 쓰시는 것 같아요. 따스한 말 한마디가 떨어지자마자 청중이 울기 시작하니, 도대체 비결이 뭐예요?"

스타일의 차이라고 할 수 있는데, 남편 목사님은 콘텐츠도 콘텐츠이지만, 수사학적으로 매우 뛰어난 전형적인 스피커다. 설교나 강의를 들을 때면 스피치의 속도, 톤의 높낮이 그리고 그 나라에 적중한 위트 넘치는 멘트까지 사전에 철저하게 계산해 놓은 것 같다는 생각을 하게 된다. 그런데 갑자기 이런 극찬을 받으니 얼굴이 붉어졌다.

사실 우리는 그 전날 밤 강의하기 직전에 목양실에서 목사님 부부와 교제를 나누었다. 목회 사역에 대해 이런저런 이야기를 할 때 나는 사모님의 손을 붙잡고 이런 말을 했다.

"사모님의 심정을 누구보다 잘 이해합니다."

그러자 눈물을 왈칵 쏟았다. 그 사모님은 화려한 설교보다는 마음을 어루만져 주는 따스한 말 한마디가 필요했던 것이다. 겉으로는 번듯하게 보이는 대형 교회였지만, 성도가 알지 못하는 사모님만의 아픔이 있었다. 감사하게도 하나님은 그분을 위로하시고 치유하셨다.

여인의 영광은 이 같은 영적인 감각에서 비롯된 것이 아닐까 하는 생각에 잠기곤 한다. 결국, 여성으로 태어난 것도 하나님이 주신 선물이 아닌가. 당신에게 무엇인가 눈에 띄는 것이 있다면, 하나님이 당신에게만 보여 주신 비전일 가능성이 크다. 다른 사람이 평소에 지나치는 것을 당신이 보았다면, 하나님이 당신을 통해 무엇인가 하실 일이 있다는 증거일 수 있다.

드보라와 같이 이스라엘의 어머니로 일어나라!
이 시대의 드보라와 같은 인플루언서 사역자는 바로 당신이다!

깰지어다 깰지어다 드보라여 깰지어다 깰지어다 너는 노래할지어다 일어날지어다 (삿 5:12).

야엘과 같이 한 손에는 말뚝과 다른 손에는 방망이를 붙잡고 쓰임 받을 것을 기대하라. 하나님은 이 영광을 당신과 같은 여성에게 허락하실 것이다.

겐 사람 헤벨의 아내 야엘은 다른 여인들보다 복을 받을 것이니 장막에 있는 여인들보다 더욱 복을 받을 것이로다 시스라가 물을 구하매 우유를 주되 곧 엉긴 우유를 귀한 그릇에 담아 주었고 손으로 장막 말뚝을 잡으며 오른 손에 일꾼들의 방망이를 들고 시스라를 쳐서 그의 머리를 뚫되 곧 그의 관자놀이를 꿰뚫었도다 그가 그의 발 앞에 꾸부러지며 엎드러지고 쓰러졌고 그의 발 앞에 꾸부러져 엎드러져서 그 꾸부러진 곳에 엎드려져 죽었도다 … 여호와여 주의 원수들은 다 이와 같이 망하게 하시고 주를 사랑하는 자들은 해가 힘 있게 돋음 같게 하시옵소서 하니라 그 땅이 사십 년 동안 평온하였더라 (삿 5:24-27, 31).

제3부
인플루언서 아내

제7장 아브람이 장가들었으니

제8장 돕는 배필

제9장 아브라함과 그의 아내 사라

제7장

아브람이 장가들었으니

> 데라의 족보는 이러하니라 데라는 아브람과 나홀과 하란을 낳고 하란은 롯을 낳았으며 하란은 그 아비 데라보다 먼저 고향 갈대아인의 우르에서 죽었더라 아브람과 나홀이 장가 들었으니 아브람의 아내의 이름은 사래며 나홀의 아내의 이름은 밀가니 하란의 딸이요 하란은 밀가의 아버지이며 또 이스가의 아버지더라 (창 11:27-29).

아브라함의 아내 사라의 이름이 무슨 뜻인지에 대해서는 여러 가설이 있다. 아브라함이 '많은 민족의 아버지'이니까 사라 역시 '많은 민족의 어머니'라고 주장하는 사람이 있는가 하면, 문자 그대로 '공주'라고 말하는 이도 있다. 나는 사래, 즉 '마이 프린세스'(my princess)가 사라, 즉 '더 프린세스'(the princess)가 되었다는 쪽에 무게를 싣고 싶다.

성경 앱에 사라(Sarah)의 이름이 언제 최초로 등장하는지를 찾아보니 창세기 17:5이라고 표기된다. 물론 사래(Sarai)라고 검색해 보면, 창세기 11:29로 나오기는 한다. 그런데 저자는 사래가 이미 결혼한 것으로 서술하기 때문에 아브람이 어떻게 사래를 만났고, 얼마 동안 연애했으며, 마침내 어떻게 결혼에 골인(?)했는지 정보가 전혀 발견

되지 않는다.

> 아브람과 나홀이 장가 들었으니 아브람의 아내의 이름은 사래며(창 11:29).

이것이 전부다.
그때 당시의 사회적 배경을 좀 더 이해할 수 있는 단서는 있다. 아브람의 형제 나홀은 자기 조카인 밀가와 결혼했다고 했는데, 아브람의 경우도 이와 다를 것이 없다.

> 또 그는 정말로 나의 이복 누이로서 내 아내가 되었음이니라(창 20:12).

어떻게 이런 일이 가능했을까?
이때는 근친혼을 금하는 모세의 율법(레 18:6)이 존재하지 않은 시대였다. 그러므로 그때 당시에는 나홀의 경우와 같이 죽은 형제의 대를 잇기 위해 조카를 아내로 취하는 것은 흔한 일이었다고 한다. 그런 것을 보면 결혼 풍속이라는 것이 시대마다 얼마나 각양각색인지 모른다. 조선 시대에도 양반과 천민은 가정을 이룰 수 없는 등 혼례와 관련된 많은 제약이 있었다. 외국인 친구들에게 한때 우리나라에 계약 결혼 제도가 있었다고 말할 때마다 매우 놀란다.
아브람이 어떻게 사래를 아내로 맞이했는지는 알 방법이 없지만, 그의 아들 이삭을 어떻게 장가보냈는지를 보면 길이 보인다.
하루는 아브라함이 자기 집 모든 소유를 맡은 늙은 종을 부른 후 이렇게 타일렀다.

내 고향 내 족속에게로 가서 내 아들 이삭을 위하여 아내를 택하라(창 24:4).

종이 아브라함의 고향에 이르자 자기 주인 아브라함의 하나님 여호와께 기도했다.

우리 주인 아브라함의 하나님 여호와여 원하건대 오늘 나에게 순조롭게 만나게 하사 내 주인 아브라함에게 은혜를 베푸시옵소서 성 중 사람의 딸들이 물 길으러 나오겠사오니 내가 우물 곁에 서 있다가 한 소녀에게 이르기를 청하건대 너는 물동이를 기울여 나로 마시게 하라 하리니 그의 대답이 마시라 내가 당신의 낙타에게도 마시게 하리라 하면 그는 주께서 주의 종 이삭을 위하여 정하신 자라 이로 말미암아 주께서 내 주인에게 은혜 베푸심을 내가 알겠나이다(창 24:12-14).

기도를 마치기도 전에 어느 한 소녀가 다가와서 물을 주고 낙타를 위해서도 물을 길어 마시게 했다(창 24:18-19). 이것을 본 아브라함의 종은 하나님이 인도하신 것을 깨닫고 머리를 숙여 여호와께 경배했다(창 24:26).

하나님이 역사하시면 일이 순조롭게 풀리는 은혜, 즉 형통이 있다. 그러나 마귀 역시 이를 방해하기 위해 온갖 교묘한 방법으로 우리를 유혹한다는 것을 한시도 잊어서는 안 된다.

나는 학생 시절부터 미래의 남편을 위해 기도하기 시작했다. 그러던 어느 날 나는 장차 만날 배우자에 대한 희망 사항을 구체적으로 필기했다. 그대로 한번 옮겨 본다.

- 하나님을 최우선으로 사랑하는 사람
- 말씀을 감동 있게 전하고 회개를 일으킬 수 있는 사람
- 성도의 마음속에 있는 생각을 기도로 말해 줄 수 있는 사람
- 하나님의 권능으로 사역하는 사람
- 많은 은사를 가지고 있으면서도 자랑하지 않는 사람
- 영 분별의 은사를 소유한 사람
- 성도를 사랑하고 애통하면서 중보하는 사람
- 큰 목회를 감당할 수 있는 사람
- 영성이 뛰어난 사람
- 찬양을 잘하는 사람
- 유머 감각이 있는 사람
- 하나님 다음으로 나를 가장 사랑해 주는 사람
- 매일같이 사랑을 확인해도 싫증 내지 않는 사람
- 나로 인해 행복해하고 만족을 느끼는 사람
- 부부로서 함께 늙어 가는 것을 기대할 수 있는 사람
- 함께 많이 웃을 수 있고 기도할 수 있는 사람
- 나를 끔찍이 아껴 주는 사람
- 내가 예쁘게 꾸미는 것을 거부하지 않는 사람
- 우리 가족을 사랑하고 섬기는 사람
- 많은 사람에게 축복이 되는 사람
- 신체적으로 거부 반응을 주지 않는 사람
- 턱이 각지고 가슴이 넓은 사람

지금 보면 앞뒤가 안 맞는 글이다. 혹시나 해서 나는 이 노트를 아무한테도 보인 적이 없다. 그런데 아니나 다를까 몇 년 안 있어 위의 조건을 다 갖춘 인물이 내 앞에 나타났다. 목회자가 아닌 것을 제외하고는 말이다. 여러 번 만났는데, 어느 날 갑자기 이 사람과 같은 공기를 마시고 있는 것 자체가 싫어졌다. 표현이 좀 과격하지만, 실제로 그런 느낌이 강하게 들었다. 그 사람은 본인이 사역자가 아니라는 이유 하나만으로 어떻게 인연을 끊을 수가 있느냐고 항의했지만, 어쩔 수 없었다. 정들기 전에 헤어지는 편이 낫겠다고 생각했다.

지금 돌이켜 보면, 마귀가 가장 비슷한 사람을 나에게 보여 준 것 같다. 이처럼 여러 사람과 교제를 나누다 보면 혼란이 올 때가 온다. 하나님이 예비하신 사람인 것 같기도 하고 아닌 것 같기도 하고 모든 것이 아리송할 때가 있다. 우리나라 속어 중 '그놈이 그놈이다'라는 말이 있는데, 결코 그렇지 않다. 긴가민가할 때 우리는 유혹에 넘어가지 말고 끝까지 기도 가운데 인내해야 한다. 나의 경우 하마터면 기도한 대로 하나님이 허락하신 것으로 받아들일 뻔했다. 그러나 내 마음 가운데 영문 모를 일종의 거부 반응이 생겨났다. 생각해 보면, 하나님의 인도였다.

그 이후 여러 사람을 만나 보기는 했지만, 별로 내키지 않았다. 나는 베트남에서 고엽제 살포 여파로 선천성 기형아들이 매해 수만 명이 출산된다는 말을 듣고 어린 시절부터 선교사로 가야겠다는 생각을 마음 한구석에 품었다. 내 운명에 결혼이라는 것이 없다면, 그다음 해에라도 교회 전임 사역을 내려놓고 베트남으로 갈 채비를 해야겠다는 생각이었다. 그러던 어느 날 담임목사님이 누구를 만나 보지 않겠느냐고 제안하셨다. 순종하는 마음으로 약속된 시간과 지정된 장소에 나갔는데, 내가 그동안 기도했던 모든 조건을 갖춘 사역자가 내 앞에 나타났다. 하나님은 우리가 구하거나 생각하는 것보다 더 넘치도록 역사하시는 분이다. 결혼에도 하나님의 인도하심이 있다는 것을 새삼 깨달았다.

> 나의 주인 아브라함의 하나님 여호와를 찬송하나이다 나의 주인에게 주의 사랑과 성실을 그치지 아니하셨사오며 여호와께서 길에서 나를 인도하사 내 주인의 동생 집에 이르게 하셨나이다(창 24:27).

알고 보니 남편 목사님 역시 같은 입장이었다고 털어놓았다. 사람을 안 만나 본 것은 아니지만, 영적 교감이 없는 것은 두말할 것도 없고 자신의 개그가 통하지 않는 것을 볼 때마다 답답했다고 한다. 그리고 선교지에 발을 디뎠을 때만 해도 가정에 대한 꿈을 포기했다고 한다. 그러나 하나님이 가장 먼저 해야 할 일 중 하나가 바로 결혼이라고 말씀하셨을 때 6개월이라는 기간을 위트 있게 제안했다고 한다. 말이 6개월이지 시간이 얼마나 빠른지 데드라인에 이르기 21일 전에는 다니엘 기도회를, 7일 전에는 여리고 기도회를 드렸다고 한다. 남편의 경우 선교지에 도착한 지 정확히 6개월 되던 날에 나를 만남으로써 결혼 상대라는 것을 100% 확신하게 되었다고 한다. 아무리 생각해 봐도 신기하기만 하다.

이렇듯 때로는 하나님의 시간이 우리의 시간과 맞지 않을 때가 있고, 하나님의 뜻이 우리의 계획과 일치하지 않을 때가 있다. 그러나 우리에게 넘치는 복을 주기를 원하시는 하나님의 섭리는 항상 우리의 뜻보다 낫다. 그러므로 주님을 기다리는 것은 결코 시간을 낭비하는 것이 아니다. 비록 더딜지라도 기다리면 하나님의 때가 지체되지 않고 반드시 응한다.

아직 결혼하지 않은 싱글이라면, 서두르지 말라. 하나님이 감정이라는 영역 가운데 역사하시도록 마음의 문을 열라. 10년 동안 인간의 힘으로 안 된 것이 하나님이 개입하시면 하루 만에 된다.

그런데 사실 6개월이라는 것은 그 사람의 이야기이지 나는 또 다른 입장이지 않은가?

그 때문에 초면에 이런 질문을 던졌다.

"꿈이 뭐예요?"

지금의 남편은 기다렸다는 듯 거의 한 시간 동안 멈추지 않고 말했다. 그런데 문제는 그 이야기를 듣고 있던 내가 감동을 받아 눈물을 뚝뚝 흘린 것이다. 그때 속으로 이런 생각을 했다.

'끝났다!'

'내가 미쳤다고 생각하겠구나.'

'이제 어떡하면 좋지?'

나중에 확인해 보니 내가 그날 보인 눈물이 남편에게는 영적으로 통한다는 일종의 확증이었다고 한다. 그러나 그것을 알 리 없던 나는 그 순간만큼은 오해받을 만한 상황이었기에 몸 둘 바를 몰랐다.

'내 스타일인데, 저 남자도 나와 같은 생각일까?'

며칠 후 연락이 닿아 또다시 만나게 되었다. 그런데 지금의 남편이 던진 뜻밖의 말에 얼굴이 붉어졌다.

"나는 그쪽이 마음에 드는데, 어떻게 생각하시는지요?

우리 결혼해요!"

바로 그 순간 사이코일 수 있겠다는 생각을 했다. 매우 당혹스러운 찰나였지만, 나도 확신이 있었기 때문에 1년 동안 교제하고 난 다음 결혼하자고 제안했다.

> 이 일이 여호와께로 말미암았으니 우리는 가부를 말할 수 없노라 리브가가 당신 앞에 있으니 데리고 가서 여호와의 명령대로 그를 당신의 주인의 아들의 아내가 되게 하라(창 24:50-51).

사도 바울과 같이 당신에게 독신의 은사가 있을 수 있다. 그러나 그런 특별한 경우가 아니라면, 하나님이 당신에게 최상의 배우자를 예비하셨음을 믿고 미리 감사하라. 물론 최후의 확증은 당신의 몫이다. 아무리 하나님이 예비하셨어도 당신이 '노'(no) 하면 어쩔 수가 없다. 아브라함의 종이 하룻밤을 묵은 후 그다음 날 리브가를 데려가려고 하자 그녀의 어머니와 오빠가 만류했다.

> 이 아이로 하여금 며칠 또는 열흘을 우리와 함께 머물게 하라 그 후에 그가 갈 것이니라(창 24:55).

서로 의견을 조율하지 못하자 끝내 당사자 리브가를 불러 그녀의 의사를 물었다.

> 네가 이 사람과 함께 가려느냐(창 24:58).

그때 리브가는 믿음으로 답했다.

가겠나이다(창 24:58).

아브람이 어떻게 사래를 만났는지에 대해 성경은 침묵한다.

그러나 우리 옛말에 부전자전(父傳子傳), 모전여전(母傳女專)이라는 말이 있지 않은가?

아버지 혹은 어머니의 성품이나 행동, 습관 등을 아들딸이 그대로 전해 받은 모습이라는 뜻이다. 다시 말해 이삭과 리브가가 결혼하게 된 풍속을 보면, 아브라함과 사라도 그와 비슷한 방법으로 만나지 않았을까 하는 나름대로의 신빙성 있는 추측을 해 본다.

언젠가부터 우리 사회는 저출산 고령화 시대로 가고 있다. 이른바 3포 세대(연애, 결혼, 출산 3가지를 포기한 세대를 지칭하는 신조어)는 결혼을 굳이 해야 하는지를 묻는다. 게다가 우리 여성들은 연애와 결혼뿐만 아니라, 출산과 육아까지 계획해야 하니 경제적으로 매우 부담스러운 것이 현실이다.

그러나 그 사람이 마음에 드는 하나님의 사람이라면?

사람은 누구와 백년가약을 맺느냐에 따라 인생이 180도 달라진다. 그런 의미에서 우리 크리스천 여성들은 결혼이라는 일생일대의 이벤트를 하나님께 철저히 맡기고 기도 가운데 하나님의 영의 인도를 받아야 한다.

내일이라도 망할 것 같은 험한 세상이지만 사랑하는 사람과 함께 같은 하나님을 섬기며 인생을 산다는 것이 얼마나 복된 일인가?

성경은 사라를 이상적인 아내로 소개한다. 그러나 이 같은 인플루언서 아내가 되기 위해 사라는 먼저 결혼을 했어야만 했다.

하나님이 예비하신 아브라함을 만나야 많은 민족의 어머니가 될 수 있는 것 아닌가?

하나님은 좋으신 분이다. 당신은 하나님의 딸이다. 구하는 자에게 아버지께서는 좋은 것을 주신다고 예수님은 가르치셨다(마 7:11).

그러므로 아직 미혼이라면 서두르지 말고 하나님의 때를 기다리라. 아브라함과 같은 하나님의 사람을 달라고 주님께 기도하라. 지금 어디선가 숨 쉬고 있을 미래의 남편을 위해 중보하라. 그러면 가장 좋은 때에 하나님이 결혼의 복을 주실 것이다. 이미 결혼했다면, 지금의 배우자가 하나님이 허락하신 사람임을 믿고 함께 꿈의 꽃을 피우며 비전을 이루라.

제8장

돕는 배필

> 너희의 조상 아브라함과 너희를 낳은 사라를 생각하여 보라 아브라함이 혼자 있을 때에 내가 그를 부르고 그에게 복을 주어 창성하게 하였느니라 (사 51:2).

하나님이 어느 한 부부를 부르실 때는 말 그대로 두 사람을 부르시는 것이지 한 개인을 부르시는 것이 아니다. 결국 비전은 하나이기 때문에 부부 사이에는 원원 관계가 성립된다. 그러므로 부부의 관계 구도는 경쟁(competition)이 아니라 보완(complement)이다. 이 때문에 성경은 부부를 가리켜 '돕는 배필'(창 2:18)이라고 칭한다.

성경에 어느 한 가족이 소개되는 데는 대표성(representativeness)이라는 개념이 전제되어 있다. 특히 구약에 두드러지게 나타나는데, 하나님이 아브라함을 부르셨다고 할 때 이는 아브라함 개인을 향한 소명(calling)이라기보다는 아브라함의 모든 가족, 즉 그의 아내 사라, 자녀들, 심지어 그와 함께하는 모든 종을 향한 소명이라는 의미가 내포되어 있다. 영어권 문화에서도 '더 스미스'(the Smiths)라고 하면 스미스 씨뿐만 아니라, 그의 모든 가족 구성원을 가리킨다.

하나님이 아브라함을 부르셨을 때 사라는 자기 자신이 이 비전에 당연히 포함되어 있다는 것을 알고 있었다.

> 너는 너의 고향과 친척과 아버지의 집을 떠나 내가 네게 보여 줄 땅으로 가라 내가 너로 큰 민족을 이루고 네게 복을 주어 네 이름을 창대하게 하리니 너는 복이 될지라 (창 12:1-2).

즉, 아브라함의 이름만 창대하게 되고 그의 남편만 복이 되는 것이 아니라 사라 역시 자신을 통해 큰 민족이 이루어질 것이라고 믿었다는 것이다.

사실 상식적으로 볼 때 사라 없이 아브라함이 혼자서 어떻게 큰 민족을 이룰 수 있단 말인가?

두 사람이지만, 비전은 하나다. 결혼 전까지 아브라함은 자기 나름대로의 스펙을 쌓는 멋진 나날을 보냈을 것이고, 사라 역시 보람 있는 인생을 살았을 것이다. 그러나 결혼 이후에 두 사람은 보다 거대한 꿈을 향해 나아가는 믿음의 조상이 되었다. 어느 심리 상담자들은 커플들에게 커피를 마실 때에 마주 보면서 앉지 말고 같은 방향을 바라보면서 앉을 것을 권한다고 한다. 얼마나 효과 있는 방법일지는 모르지만, 두 사람이 같은 곳을 향해 한 걸음씩 전진한다는 의미에서 나는 이를 매우 긍정적으로 본다. 이와 같이 부부는 육체적으로, 정서적으로 그리고 영적으로 하나가 되어야 한다.

'돕는 배필'이라는 것은 말 그대로 배우자를 돕는 사람이라는 뜻이다. 여기서 유의해야 할 점은 여성들이 돕는 배필로 창조되었다고 해서 늘 남편의 그늘에 조력자로 있어야 한다는 뜻이 아니라는 것이다.

여기서 포인트는 서로 각자의 객체성과 자율성을 인정하되 하나님의 비전을 이루기 위해 한 팀을 이루는 것이다. 부부는 서로 라이벌이 아니기 때문에 한 사람이 이기면 둘 다 이긴다. 당신이 남편을 섬기면 남편 역시 당신에게 복덩이가 되어 줄 것이다.

> 진실로 다시 너희에게 이르노니 너희 중의 두 사람이 땅에서 합심하여 무엇이든지 구하면 하늘에 계신 내 아버지께서 그들을 위하여 이루게 하시리라 (마 18:19).

이 말씀이 부부에게도 얼마든지 해당된다고 본다. 부부는 하나다.

나의 경우 하나가 된다는 것이 말처럼 쉽지는 않았다. 어렸을 때부터 나는 웬만한 남학생들보다 리더십이 유별났다. 그래서인지 학생 시절부터 남자들을 약간 무시하는 마음이 있었다.

결혼 이후 모든 부부가 그렇듯 서로 적응 기간이 필요했다. 그런데 갈등이 있을 때마다 남편 목사님은 서재에 들어가 하나님께 기도를 드린 후 "미안합니다. 내가 잘못했어요"라고 용서를 구하곤 했다. 처음에는 남편을 잡았다(?)는 생각에 자축했지만, 나중에 생각해 보니 부부는 이길 것도 없고 질 것도 없는 일심동체(一心同體)라는 것을 깨달았다. 게다가 정직하게 말하면, 내가 잘못한 게 더 많았다.

자존심을 버리고 내가 먼저 손을 내민 순간부터 영적으로 무엇인가 깨어지고 우리 가족에 축복의 강물이 흘러넘치기 시작했다. 그러므로 어떻게 하면 남편에게 복이 되어 줄까를 고민하라. 그러면 그의 복이 곧 당신의 복이 되어 돌아온다.

하나님께 감사한 것 중 하나가 둘도 없는 친구처럼 모든 이야기를 스스럼없이 남편과 할 수 있다는 것이다. 2010년 무더운 여름의 어느 날이었다. 잠이 오지 않아 침대에 누워 남편과 이야기를 나누던 와중에 뜬금없이 남편이 10여 년 전 자기가 받은 꿈, 즉 100권의 책을 출간하는 비전에 대해 말하기 시작했다.

"이번에는 우리말로 책을 내고 싶은데, 통역에 대해 쓰면 어떨까? 내가 알기로는 전 세계에 그런 자료가 없거든."

스페인어로는 베스트셀러도 내는 등 여러 권 발간했지만, 우리말로는 몇 권의 번역서 외에 자기 이름을 내걸고 직접 글을 쓴 경험이 없기 때문에 아무래도 안 되겠다는 변명을 늘어놓았다. 나는 이미 1단계 수면 상태에 들어가 있었기 때문에 남편의 말에 무감각했다. 그래도 기를 살려 줘야겠다는 생각에 어눌해진 혀에 힘을 주고 무의식적으로 말했다.

"당신이 안 하면 아무도 못해요."

"우리나라에 당신처럼 통역 경험이 많은 사람이 또 어디 있다고?"

"당신이 적임자예요. 그런 책은 얼른 쓰세요."

곧바로 나는 코를 골며 깊은 잠에 빠졌다. 솔직히 말해 그다음 날 아침에 일어나서는 내가 무슨 말을 했는지 기억이 잘 나지 않았다. 그런데 남편 목사님은 기분이 너무나도 업(?)되어 교회에 가서 책을 쓰겠다고 현관문을 나섰다. 1주일 만에 원고를 완성하는 모습을 보면서 '내가 한 말이 그토록 중요했나?' 하는 의문을 갖게 되었다. 이뿐 아니라 몇 년 사이에 책을 여러 권 출간하는 것을 보면서 '아하! 당신이 안 하면 아무도 못해요'라는 이 말 한마디가 남편에게 얼마나 큰 힘이 되었는지 새삼 깨달았다.

인플루언서 아내는 함부로 자기 남편을 대하지 않는다. 사라는 아브라함을 향해 '주'(lord)라고 칭했다고 성경은 밝힌다(벧전 3:6). 할 말이 있으면 남편에게 말할 때도 하나님의 말씀을 하는 것같이 하라는 베드로의 가르침을 무시하지 말라(벧전 4:11).

얼마나 스트레스가 많은 세상인가?

과거에는 아내를 가리켜 '집안사람'이라고 했다. 남편은 직장을 다녀오고 부인은 집안일을 돌보는 것이 몇십 년 전만해도 우리나라의 이상적인 가족상이었다. 그러나 지금은 남성 여성 할 것 없이 밥벌이해야 하는 시대다. 바로 이때 지친 남편을 따뜻하게 대하고, 쉴 만한 안식처를 제공하며, 적중한 말로 하나님의 마음을 전하는 것이 인플루언서 아내의 사명이다.

"하루 종일 얼마나 보고 싶었는지 몰라!"
"오늘 하루는 어떠셨어요?"
"배고프지? 우리 맛있는 거 먹어요!"
"당신을 볼 때마다 나는 참 행복한 사람이라는 생각이 들어."
"가족을 위해 희생해 줘서 고마워요."

아내가 돕는 배필로서 최선을 다해 섬길 때 남편은 아내의 존재 가치를 인정하는 단계에 들어선다. 즉, 남편이 아내를 칭찬하는 것이다.

> 그의 자식들은 일어나 감사하며 그의 남편은 칭찬하기를 덕행 있는 여자가 많으나 그대는 모든 여자보다 뛰어나다 하느니라 (잠 31:28-29).

다행스럽게도 우리 남편은 매사에 감사하는 마음을 말로 표현하는 것을 어색해하지 않는 사람이다. 밥상에 어떤 음식이 차려지든 "감사히 먹겠습니다!" 하고 식사한다. 내가 기도한 대로 사랑을 매번 확인해도 싫증을 내지 않는다. 나는 감정 표현에 서투른 무뚝뚝한 전형적인 경상도 아빠 밑에서 자라서 그런지 '사랑한다'는 말은 내 사전에 없는 표현이었다. 이에 반해 남편은 매번 사랑을 말로 표현하는 가정환경에서 자랐기 때문에 시도 때도 없이 '좋아한다', '예쁘다', '사랑한다'는 말을 전혀 쑥스럽지 않게 한다. 그것도 하루 종일 말이다.

"당신 오늘 참 예뻐 보인다!"

"아 참! 내가 지난번에 말한다는 것을 깜빡했어…. 사랑해요!"

"우리 항상 같이 다니도록 해요. 당신이 옆에 있으면 사람들이 나한테 더 잘해 줘."

아브라함도 이와 똑같은 말을 하지 않았던가?

> 이에 바로가 그(사래)로 말미암아 아브람을 후대하므로 아브람이 양과 소와 노비와 암수 나귀와 낙타를 얻었더라 (창 12:16).

사라 없는 아브라함의 인생은 상상조차 하기 힘들다. 아브라함은 사라 때문에 믿음의 조상이 되었다.

'남자는 여자 하기 나름'이라는 말이 있는데, 하나님의 마음으로 남편을 대하라. 영화 <슈퍼맨>을 보면, 슈퍼맨이 높은 빌딩에서 추락하는 로이스 레인을 붙잡고 "잡았어요"(I've got you)라고 말하는 장면이 나온다. 그녀가 오히려 근심 어린 표정으로 이렇게 묻는다.

"당신은 누가 잡아 주지요?"(who has got you?)

사람에게 치이고 직장에서 치이고 세상에 치인 나머지 세월의 짐을 몸에 쌓은 듯 어깨가 축 처지고 고개를 푹 숙이고 수년간 누적된 피로를 풀지 못해 눈의 초점마저 흐트러진 남편을 하나님의 사랑과 지혜로 대하라.

슈퍼맨 같은 남편을 당신이 잡아 주지 않으면, 누가 잡아 주겠는가?

아내의 말 한마디가 남편의 기를 살린다. 그럴 때 남편은 땅의 장로들과 함께 성문에 앉으며 사람들의 인정을 받게 될 것이다(잠 31:23).

결혼은 줄고 이혼은 느는 시대에 살고 있다. 여기에는 성격 차이, 가치관의 변화, 주거비 상승 등 여러 요인이 있겠지만, 나는 많은 여성이 하나님의 만지심을 충분히 경험하지 못한 채 섣불리 가정을 이루는 데 주된 원인이 있다고 본다.

자기 자신마저 마음이 복잡하고 상처투성인데, 어떻게 타인에게 돕는 배필이 되고 축복의 통로가 될 수 있단 말인가?

앞뒤가 안 맞는 말이다. 따라서 부부는 공통된 비전을 추구하지만, 그 과정에서 하나님은 부부를 개별적으로 단련시킨다는 점을 나는 꼭 언급하고 싶다.

사라는 히브리서 11장에 등장할 만큼 대단한 믿음의 여인이었다. 베드로는 그녀를 이상적인 아내로 소개한다.

> 사라가 아브라함을 주라 칭하여 순종한 것 같이 너희는 선을 행하고 아무 두려운 일에도 놀라지 아니하면 그의 딸이 된 것이니라(벧전 3:6).

이 성구만을 놓고 보면, 사라는 장밋빛 인생을 산 것만 같다. 그러나 그렇지 않다. 그녀는 임신이 되지 않자 여종 하갈을 통해 아들을 얻고자 했다. 기어이 아들을 얻기는 했으나 육신적인 생각을 따라 취한 행동이었기 때문에 하갈을 미워하기 시작했다.

오늘날 왜 많은 여성이 자기 남편에게 성경의 가르침대로 돕는 배필이 되지 못하는 것일까?

오히려 남편과의 신경전은 곧 자녀와의 갈등으로 번지는 것이 우리의 현실이다. 아무리 하나님의 뜻대로 결혼했어도 하나님이 우리의 상처받은 마음을 터치하지 않으시면 관계 회복이 거의 불가능하다. 비전은 하나이지만, 그 비전을 자기 것으로 받아들이고 재해석하는 몫은 각각 다르다.

사라에게는 하나님의 만지심이 절실했다.

언제까지 남편을 원망하며 환경을 저주한단 말인가?

아브라함은 동서남북을 바라보고 하늘의 별을 세어 보고 하나님의 음성을 듣는 등 엄청난 체험을 했지만, 사라는 그러지 못했다. 사래에서 사라로 이름을 바꾸라는 말도 아브라함을 통해서 전해 들은 것뿐이었다(창 17:15).

하나님은 왜 사라를 개별적으로 불러 말씀하지 않으신 것일까?

내가 하나님이라면, 사라를 불러서 따뜻한 말을 해 주었을 것이다.

'사라야, 고생 많지?'

'갈대아 우르를 떠났을 때부터 난 너의 믿음을 보았단다.'

'조금만 더 참자, 응?

이제 곧 너를 통해 큰 민족의 꿈을 이루리라.'

그런데 하나님은 아브라함만 챙기셨지 사라는 잊어버리신 것만 같다. 그러던 어느 날이었다. 사라는 이미 90세의 할머니가 되어 있었다. 마므레의 상수리나무들이 있는 곳에 세 명의 객이 나타나자 아브라함은 떡, 우유 그리고 소고기로 그들을 정성껏 접대했다.

그러자 그들이 갑자기 그의 아내 사라의 안부를 묻더니 뜻밖의 약속 말씀을 하는 것 아닌가?

> 내년 이맘때 내가 반드시 네게로 돌아오리니 네 아내 사라에게 아들이 있으리라(창 18:10).

사라는 그때 장막 문에 모습을 감춘 채 손을 입가에 갖다 대며 속으로 웃었다.

> 내가 노쇠하였고 내 주인도 늙었으니 내게 무슨 즐거움이 있으리요(창 18:12).

바로 그 순간 하나님이 믿음이 없음을 꾸짖으시자 사라는 겁에 질려 "웃지 아니하였나이다"(창 18:15)라고 변명했고, 이에 하나님이 단호하게 말씀하셨다.

> 아니라 네가 웃었느니라(창 18:15).

하나님은 사라를 결코 잊으신 적이 없기 때문에 때가 되어 그녀를 직접 찾아가 마음을 어루만지신 것이다. 이로써 1년 후에 낳은 아들의 이름을 사라는 '웃음', 즉 '이삭'이라고 붙이게 되었다. 그동안 아브라함과 얼마나 많은 갈등이 있었는지를 생각해 보라. 하루는 더 이상 참지 못해 남편에게 이렇게 소리쳤다.

> 여호와께서 내 출산을 허락하지 아니하셨으니 원하건대 내 여종에게 들어가라 내가 혹 그로 말미암아 자녀를 얻을까 하노라 (창 16:2).

하갈이라는 여종을 통해 아들을 얻긴 하였지만, 건강에 해로울 정도로 사라의 스트레스 지수가 극도로 상승했다.

얼마나 속이 상했으면 남편에게 모든 책임을 전가했을까? '이게 다 너 때문이야!'(it's your fault)라고 말하며 배우자에게 탓을 돌리는 오늘의 커플들의 모습과 별반 다를 것이 없다. 이러면 결국 둘 다 지게 되어 있다.

> 내가 받는 모욕은 당신이 받아야 옳도다 (창 16:5).

그러나 하나님은 마침내 이 모든 아픔을 치유하셨다.

> 사라가 이르되 하나님이 나를 웃게 하시니 듣는 자가 다 나와 함께 웃으리로다 (창 21:6).

인플루언서 아내가 되기 위해서는 가장 먼저 당신이 행복해야 한다는 사실을 명심하라. 당신이 행복하면 남편도 가정도 행복할 수 있다. 하나님이 당신의 상처를 치유하실 수 있도록 마음의 문을 열라. 더 이상 아픔의 노예가 되지 말고 하나님의 여종이 되라. 감정이라는 영역 속에서도 그리스도의 왕권을 인정하고 하나님의 주권을 선포하라.

대부분의 가정불화는 남편 혹은 아내가 자기의 좌절감을 배우자에게 투영하려고 할 때 발생한다. 이럴 때면 사람이 공격적으로 돌변하는데, 결국 문제는 타인보다는 자기 자신에게 있는 경우가 대다수다. 하나님의 개입 외에는 별다른 해결 방법이 없다. 그러므로 하나님의 만지심을 체험하고, 남편에게 복이 되어 주라. 사라가 없으면 아브라함도 없다. 당신 남편과 함께 서로 부족한 점을 보완하는 무적의 팀워크를 이루라. 부부로서 하나님의 꿈을 실현하고 서로에게 영감을 불어넣는 사이가 되라. 당신에게는 복을 주시고 창성하게 될 것이라는 하나님의 약속이 있다(사 51:2).

제9장

아브라함과 그의 아내 사라

> 아브라함의 향년이 백칠십오 세라 그의 나이가 높고 늙어서 기운이 다하여 죽어 자기 열조에게로 돌아가매 그의 아들들인 이삭과 이스마엘이 그를 마므레 앞 헷 족속 소할의 아들 에브론의 밭에 있는 막벨라 굴에 장사하였으니 이것은 아브라함이 헷 족속에게서 산 밭이라 아브라함과 그의 아내 사라가 거기 장사되니라 (창 25:7-10).

갈대아 우르를 떠난 아브라함과 사라는 하란을 거쳐 드디어 약속의 땅에 도착했다. 그런데 가나안 지경의 경제적 사정은 눈살을 찌푸리게 할 정도로 암울했다. 세계 경제가 붕괴된 포스트 코로나19, 즉 언택트가 일상이 되어 버린 뉴노멀 시대를 살아가는 우리의 환경과 하나도 다를 게 없다. 이 정도가 되면 사라는 아브라함을 향해 입에 담지 못할 말로 온갖 원망을 해도 타당했다. 그러나 그러지 않았다. 그런 의미에서 사라는 인플루언서 아내다.

사라가 아브라함을 주라 칭하여 순종한 것 같이 너희는 선을 행하고 아무 두려운 일에도 놀라지 아니하면 그의 딸이 된 것이니라 (벧전 3:6).

황혼 이혼이 증가하고 1인 가구가 보편화된 이 시대의 가치관으로 보면 사라는 남편의 마음에 큰 상처를 남긴 채 이혼을 요구할 수도 있는 상황이었다.

"내가 오빠를 좇아 1,000킬로미터나 왔는데, 지금 이게 뭐야?"

"어느 날 갑자기 하나님이 나타나셨다고 해서 나도 따라오기는 했는데, 우리 이제 그만하고 헤어져요!"

"이곳에 오기만 하면 횡재할 것이라며! 나 호강시켜 준다며!

이게 다 너 때문이야!"

그러나 성경에는 사라가 불평했다는 흔적이 없다. '이민은 그 자체가 소설'이라는 말이 있는데, 아브라함이 가나안에 정착하지 못해 애굽으로 이주하기로 결심했을 때에도 사라는 묵묵히 따라갔다. 아브라함이 가는 곳마다 사라는 남편과 함께 있음으로 가족을 지켰다.

'인생은 여행'이라는 말이 있는데, 하나님은 우리를 혼자 내버려 두지 않으시고, 함께 할 수 있는 인생의 동반자를 허락하셨으니 얼마나 감사한 일인가!

알고 보면 남편이라는 존재처럼 자기 아내를 아는 사람은 드물 것이다. 한솥밥을 먹으면서 사소한 일과 감정 그리고 내면의 이야기까지 전부 다 공유하기 때문이다. 이 정도가 되다 보니 몇 년 같이 살다 보면 서로 굳이 말하지 않아도 자연스럽게 상대방의 기분이 어떤지 꿰차는 경지에 이르게 된다. 비결은 지구상에 두 사람밖에 모르는 친밀감이다.

신혼 때 나는 일과를 마치고 집에 들어가던 길에 남편에게 이런 말을 한 적이 있다.

"교제했을 때처럼 헤어지지 않고 집에 같이 돌아올 수 있어서 너무 좋아요!"

그러나 '결혼은 현실'이라고 하지 않았던가?

모든 것이 로망일 수는 없다. 애굽에서 입국 심사를 밟으면서 아브라함이 사라에게 한 말을 주의 깊게 보라.

> 그가 애굽에 가까이 이르렀을 때에 그의 아내 사래에게 말하되 내가 알기에 그대는 아리따운 여인이라 애굽 사람이 그대를 볼 때에 이르기를 이는 그의 아내라 하여 나는 죽이고 그대는 살리리니 원하건대 그대는 나의 누이라 하라 그러면 내가 그대로 말미암아 안전하고 내 목숨이 그대로 말미암아 보존되리라 하니라 (창 12:11-13).

오경의 저자는 사라가 이에 대해 별다른 반응을 보이지 않고 그대로 수긍한 것처럼 서술한다. 그러나 나도 결혼이라는 것을 해 보고 남자와 살다 보니 아브라함과 사라의 상황이 안 봐도 동영상이다.

"와 미치겠네!

너만 살겠다 이거네?"

"그러면, 나는?

나는 어떻게 되는데?"

"하나님의 뜻대로 이곳에 왔다면서?

그런데 나더러 거짓말을 하라고?

보자 보자 하니까 못하는 소리가 없네!"

아브라함이 믿음의 조상이라는 명제에 토를 달 사람은 없다. 그러나 가정을 이룬 아내의 입장에서 볼 때 아브라함은 이기적이고 남자

답지 못한 한심한 남편이다. 이에 반하여 사라는 착하고 순종적이며, 어떤 어려움 가운데서도 남편 곁을 떠나지 않은 가정적인 아내다. 그런데 아브라함의 대담하지 못한 모습은 실망스럽게도 그랄에서도 되풀이되었다.

> 이 후로 우리의 가는 곳마다 그대는 나를 그대의 오라비라 하라 이것이 그대가 내게 베풀 은혜라 하였었노라(창 20:13).

다른 시각으로 보면 아브라함에게 사라는 과분한 인플루언서 아내였다. 표현이 좀 과격하지만, 아브라함은 아내 덕에 먹고 사는 기생충 같은 남편이었다.

사라 덕에 아브라함이 귀빈 대접을 받은 것 아닌가?(창 12:16)

그러나 나는 사라에게 포커스를 맞추고 싶다. 그녀는 머나먼 길을 오는 내내 그 어떤 순간에도 자기 남편을 원망하지 않았다. 오히려 하나님의 뜻이 있음을 믿고 끝까지 함께했다. 요즘처럼 편안하게 비행기를 타면 해외에 갈 수 있는 그런 시대가 아니었다. 갈대아 우르를 떠나 가나안에 이르기까지 그리고 이후 반복되는 여행에는 굶주림과 추위, 미래에 대한 불안 등 수많은 우여곡절이 있었다. 그런데도 사라는 자기 남편을 묵묵히 따라 주었다. 그녀에게서 발견되는 가장 값진 덕목은 동행(accompany), 즉 함께했다는 것이다. 순종을 통해 사라는 은연중에 아브라함에게 이런 말을 하는 듯하다.

"나는 하나님이 당신을 부르셨다는 것을 믿어요."
"큰 민족을 이룰 때까지 나는 당신과 함께할 거예요."

"당신이 열국의 아버지이면 나는 열국의 어머니이니까 부부로서 함께 하나님을 섬기면 좋겠어요."

나는 요즘 이혼율이 증가하는 주된 요인 중의 하나가 서로 충분한 시간을 함께 보내지 않는다는 데 있다고 본다. 물론 워킹맘으로서 육아, 직장, 집안일을 모두 감당하기에도 벅찬 상황인지라 함께한다는 이야기가 왠지 머나먼 나라의 이야기처럼 들리는 것은 사실이다. 그러나 문제의 시발점은 부부가 함께 있어도 하나 되지 못하는 데 있다. 모닝커피를 마시거나 퇴근해서 저녁 식사를 할 때 그리고 주말에도 서로 얼굴을 마주 보며 대화의 질을 높이지 않는다면, 그 커플은 오래가지 못할 것이다. 같은 식탁에 앉아 밥을 먹어도 카톡 하기에 서로 바쁘다면, 이미 적신호가 켜졌다는 표시로 봐도 무방하다.

우리나라 백화점에는 '남편들을 위한 휴식 공간'이 있다. 아내의 뒤를 졸졸 따라다니는 것을 곤욕(?)으로 여기는 남편을 위해 중간층에 특별히 마련된 그 공간에서는 커피와 생수가 무료로 제공되며 영화를 시청하거나 휴대폰을 충전할 수 있어 호응이 매우 좋다고 한다. 마케팅 전략으로 보면 힐링의 장소일 수는 있겠지만, 내가 보기에는 첩어적방(妾御績紡), 즉 남자는 밖에서 일하고 여자는 안에서 길쌈한다는 문화를 부추기는 것으로밖에 보이지 않기 때문에 동의하지 않는다.

부부는 사소한 것 때문에 다툰다고 한다. 이런 경우를 생각해 보자. 남편은 백화점 휴게소에서 만화책을 보면서 아내를 눈 빠지듯 기다린다. 3시간 후에 아내는 환한 미소를 지으며 양손에 가득 쇼핑백을 들고 나타난다. 남편은 자기 아내가 씀씀이가 헤프다는 생각에 한숨을 푹푹 쉬어 가며 열리는 뚜껑을 닫으려고 노력한다. 그러다 끝내 분노를 참지 못해 폭발한다. 그런데 알고 보면 입장 차이다.

"당신, 너무 오랫동안 기다려서 화가 난 거야? 내가 같이 가자고 했잖아."

"이거 다 우리 아들이랑 당신이랑 어머님 선물이야. 어머님 생신인 거 몰라?"

"지금 80% 세일 시즌이라서 사람들이 얼마나 많은지 몰라요. 그래도 원 플러스 원으로 사서 많이 절약해서 다행이에요. 나 잘했지?"

아내는 자기 나름대로 최선을 다해 가족을 챙기려고 할인 품목을 찾아 나섰는데, 기껏해야 돌아오는 반응이 차갑다면 얼마나 섭섭하겠는가?

결과만 놓고 볼 때는 충동 구매처럼 보일 수는 있으나 그 과정을 살펴보면 아내가 얼마나 알뜰한 살림꾼인가?

알고 보니 아내 본인 것은 하나도 안 챙긴 걸 알아차리자 남편은 오히려 미안한 마음이 든다.

해결책은?

함께하는 것이다. 이번에는 남편이 아내와 함께 백화점 코너마다 샅샅이 뒤지면서 다닌다고 설정해 보자. 돌아오는 길에 이런 말이 오간다.

"알고 보면 당신은 참 섬세한 사람인 것 같아. 우리 엄마가 이거 꼭 갖고 싶어 하셨거든. 카드 할인 혜택에 쿠폰에 포인트 적립까지! 당신 아니었으면 이 가격에 다른 매장에서는 어림도 없을걸."

"당신 아니었으면 나 울 뻔했어. 이 화창한 날씨에 집에만 있으면 회사 걱정에 우울할 뻔했는데, 기분 전환이 되네."

"웬 스니커즈?

이거 내 선물이에요?

안 그래도 하나 사야겠다고 생각했는데 … 컬러도 마음에 쏙 드는데! 당신 최고!"

본래 함께하려고 결혼한 것 아닌가?

그렇다면, 매 순간 함께하라. 몸으로만 같이 있지 말고, 마음으로 함께하며, 속에 있는 이야기도 표현하라. 대화를 나누되 상대방의 속내를 충분히 경청하고 남편이 하고자 하는 일을 적극적으로 밀어주라. 다시 말하지만, 매 순간 함께하고 항상 축복하라.

부부 갈등의 시작은 대화의 부재에서 비롯된다고 한다. 한마디로, 남편 혹은 아내가 어떤 일을 하는지 모르고 지낸다. 사생활 침해를 근거로 하여 배우자에게 휴대폰 비밀번호를 공개해야 하는지에 대한 옳고 그름을 떠나 많은 커플은 서로를 신뢰하지 않는 듯 매 순간 비공개 계정 상태를 유지한다.

그러나 마음으로 함께하면 세월이 지나서도 함께했던 아름다운 추억을 같이 떠올릴 수가 있다. 그제야 비로소 '내가 혼자가 아니었구나' 하며 서로에게 고마운 존재임을 재확인하게 된다. 그때 느끼는 것이 깊고도 잔잔한 진짜 행복이라고 생각한다. 인위적이고 표면적이며 일시적인 자족이 아닌 세월의 흔적이 스며든 깊고 오래가는 보람 말이다.

나는 가능한 한 남편과 함께하는 것을 선호한다. 특별히 해외 강연을 위해 출국할 때면 늘 기분이 들떠 있다. 하루는 미국에 일정이 있어 출국하기로 되어 있었는데, 비행기 결함으로 항공편이 취소된 적이 있다. 정확하게 말하자면 1시간씩 지연을 7번이나 한 끝에 항공사

측에서 오후 8시가 되어서야 항공편이 그다음 날로 재조정되었다고 통보했다.

항공사에서 제공한 5성급 호텔에 묵기는 했지만, 온종일 긴장한 탓인지 몸은 이미 녹초가 되어 있었다.

그다음 날 정오 시간에 셔틀버스를 타고 공항에 나가 다시 탑승 수속을 밟고 게이트에서 기다리던 와중에 또다시 항공사 관계자가 오더니 비행기 고장으로 탑승 시간이 좀 지연된다고 하는 것 아닌가?

기절할 것만 같았다.

사실 나는 그때 답답한 것도 답답한 거지만, 속으로 많이 회개했다. 아이들이 어린 탓에 그동안 동행하지 못한 까닭도 있지만, 사역차 일 년에도 수차례 해외여행을 하는 남편을 보면서 한편으로는 '누구는 좋겠다. 만날 여행이나 하고… 혼자 욜로하겠다, 이거지?' 하는 마음을 품었다. 게다가 남편 목사님은 해외 집회를 마치고 귀국할 때면 항상 명품 가방과 화장품을 챙겨 오곤 했는데, 나도 강연료를 받아 보니 참으로 귀중한 마음이었다.

하루는 이런 일도 있었다. 평소 여행에 필요한 모든 신분증은 남편이 챙기곤 한다. 그런데 귀국하고 나서 하룻밤 쉬고 그다음 날 국내선을 타러 공항으로 나가던 와중에, 남편 여권이 사라졌다. 공항 관계자들의 배려로 국내선을 타기는 했지만, 그날 밤 설교하기로 예정되어 있던 남편의 마음은 얼마나 무거울까 하는 생각에 가방을 적어도 열 번을 뒤집은 것 같다.

"아무리 생각해도 신기하단 말이야!
20년 동안 해외 사역하면서 이런 경우는 처음이네! 여권에 발이 달려 도망갔을 리도 없고!"

"당신도 너무 걱정하지 말고… 수도로 돌아가서 우리나라 영사과에 연락해서 임시 여권을 발급받으면 그만이거든."

"나 원 참, 기막힌 일이네. 당신 여권은 멀쩡하고 내 여권만 없어지다니!"

이제 얼마 안 있으면 빡빡한 2박 3일 일정의 첫 스타트를 끊어야 하는데, 여권을 분실했다는 생각에 영성이라도 떨어지면 어떡하나 하는 조바심에 마지막으로 한 번 더 가방을 뒤엎기로 마음먹었다.

그런데 자취를 감췄던 여권이 '나 여깄지' 하듯 나타난 게 아닌가!

이야기는 이렇다. 나는 어디를 가든 숙소에 도착하자마자 옷을 펼쳐 놓거나 옷장에 걸어 놓는 습관이 있다. 특히 해외 집회 시 이를 각별히 신경 쓰는 이유는 스판처럼 특별한 소재가 아닌 일반 수트는 몇 시간이 안 되어도 구김 현상이 바로 나타나기 때문이다. 이 때문에 그날도 호텔에 도착하자마자 정장을 옷장에 걸어 놓았다.

문제는 그다음 날 아침에 발생했다. 주방에서 아침 식사를 준비하는 동안 나도 모르게 아일랜드 식탁 모서리에 놓여 있던 남편의 여권을 툭 하고 친 모양이다. 그런데 그 여권이 하필이면 책처럼 양옆으로 펼쳐진 스타킹 상자 중앙에 정확히 떨어져 그 충격으로 상자가 완벽하게 접힌 것이었다! 물론 새 스타킹 상자였기 때문에 그 사이에 여권이 있을 것이라고는 상상하지도 못했다.

순간 소리쳤다.

"찾았다, 찾았어! 찾았다고!"

누가복음 15장에 나타난 현대판 열 드라크마 비유였다. 함께 부둥켜안고 얼마나 감사했는지 모른다. 사실 우리 부부에게는 이런 주옥같은 이야기가 한둘이 있는 것이 아니다.

그런데 이런 크고 작은 추억을 떠올릴 때 나 혼자 깊은 생각에 잠기는 것이 아니라 같은 일을 함께 겪은 남편과 함께 회상할 수 있으니 얼마나 든든하고 행복한 일인가?

이럴 때면 하나님께 재차 감사하곤 한다. 하나님의 손길이 이런 작은 부분까지도 닿는 것을 묵상할 때 우리 부부는 마음껏 웃으며 그동안 우리 가운데 역사하신 하나님을 찬양한다.

아브라함이 어디를 가든지 사라는 아내로서 그와 함께했다.

이 때문일까?

사실 아브라함은 그두라라는 후처도 두었다(창 25:1). 그러나 죽을 때가 되자 자기를 믿어 주고 한평생 따라다녔던 사라 곁에 묻기를 선택했다. 이런 뜻이었던 것 같다.

"여보, 당신은 한평생 내 곁에 있는 편을 택하였으니 이제는 내가 영원토록 당신 곁에 있는 편을 택하겠소."

이것은 아브라함이 헷 족속에게서 산 밭이라 아브라함과 그의 아내 사라가 거기 장사되니라(창 25:10).

제4부
인플루언서 딸

제10장 어머니의 하나님, 나의 하나님

제11장 축복의 통로

제12장 여호와께서 상 주시기를 원하노라

제10장

어머니의 하나님, 나의 하나님

> 룻이 이르되 내게 어머니를 떠나며 어머니를 따르지 말고 돌아가라 강권하지 마옵소서 어머니께서 가시는 곳에 나도 가고 어머니께서 머무시는 곳에서 나도 머물겠나이다 어머니의 백성이 나의 백성이 되고 어머니의 하나님이 나의 하나님이 되시리니 (룻 1:16).

룻을 둘러싼 이야기는 장기화된 경제 악화로 인해 이민의 길을 선택한 어느 한 가정을 배경으로 한다. 유다 베들레헴의 한 사람이 흉년을 피해 그의 아내와 두 아들을 데리고 모압 지방에 가서 거류했다고 성경은 설명한다(룻 1:1).

지구촌 시대에 미국과 유럽 그리고 제3세계에 이르기까지 어느 나라에나 코리아타운을 찾기란 그리 어려운 일이 아니다. 아무리 외진 곳을 가더라도 우리나라 사람을 만나는 것은 시간문제다. 내가 활동하는 주요 무대는 미주 대륙이다. 요즘에는 입맛도 국제화되어 해외 강연을 나갈 때 주로 현지 음식을 선호하는 편이지만, 며칠 안 있어 한국 음식이 당길 때가 있다. 이 때문에 식사 대접을 받을 때 주변에 한국 식당이 없을 경우 일식이나 중식을 택한다.

그러나 우리 부모님이 이민을 오셨던 80년대만 해도 상상할 수 없는 일이었다.

지구 반대편에서 라면을 먹는다고?

꿈에서나 가능한 일이었다. 우리 가족은 서울의 평범한 중산층 가정으로 아빠는 토목설계사였고, 엄마는 가정 주부였다. 1983년 어느 날 우리 부모님은 남미행을 결심하셨다. 이모가 볼리비아에 몇 년째 살고 계셨던 터라 우리 역시 자연스럽게 산타크루즈에 터를 잡기로 했다. 그러나 그곳에서도 정착하지 못해 아르헨티나로 이주했다.

지금도 그렇지만 그때는 직항이 없어 우리 식구는 김포공항에서 출발해 일본, 캐나다, 페루를 경유해 드디어 볼리비아에 도착했다. 기나긴 경유 시간 때문에 몸이 파김치가 되어 버리고 말았다. 그때 내 나이가 만 8세였는데, 새로운 문화에 적응하는 데 꽤나 힘들었던 기억이 어렴풋이 난다. 그래도 볼리비아의 별미 중 치차론(chicharron) 돼지고기의 맛은 잊으려야 잊을 수가 없다!

'이민 생활은 그 자체가 소설'이라는 말이 있는데, 어느 나라가 됐든 이민을 선택한 우리나라 국민 중 고생하지 않은 사람은 한 명도 없을 것이다. 우리 부모님 역시 언어 장벽에도 불구하고 손짓 발짓을 하시며 생계를 꾸려 나갔고 내일에 대한 희망을 붙들고 하루하루를 견디셨다. 그러므로 엘리멜렉이 어떠한 상황에 처했으며, 그의 심정이 어떠했는지를 조금은 이해할 수 있을 것 같다.

그러나 하나님은 이민을 통해서도 역사하시는 분인지라 결국 룻을 베들레헴으로 오게 하시려고 나오미를 보내신 것이 아니었던가?

대개 이민이라는 사회학적 현상은 어느 한 나라가 위기에 처했을 때 비롯된다. 주로 '우리나라에는 더 이상 희망이 없어' 하는 순간에 사람들은 외국으로 이주하는 것을 심각하게 고민하는 것 같다.

이민은 본래 더 잘 살아 보려고 가는 것 아니었던가?

그런데 안타깝게도 엘리멜렉은 이민을 가자마자 먼 타지에서 나그네로서의 생을 마감했다. 그리고 10년이 될 무렵 말론과 기룐, 즉 두 아들도 세상을 떠났다.

잘 살아 보자고 선택한 모압행이었는데, 나오미에게 남은 것은 두 며느리뿐이었다. 결국 고향으로 돌아가야겠다고 결심한 나오미는 두 며느리를 불러 다음과 같이 말했다.

> 너희는 각기 너희 어머니의 집으로 돌아가라 너희가 죽은 자들과 나를 선대한 것 같이 여호와께서 너희를 선대하시기를 원하며 여호와께서 너희에게 허락하사 각기 남편의 집에서 위로를 받게 하시기를 원하노라 (룻 1:8-9).

오르바는 그의 시어머니에게 입을 맞추고 자기 백성과 자기 신들에게로 돌아갔으나 뜻밖에도 룻은 나오미의 치맛자락을 붙잡았다. 그리고 오늘에 이르기까지 수많은 사람의 심금을 울리는 명언을 남겼다.

> 어머니의 백성이 나의 백성이 되고 어머니의 하나님이 나의 하나님이 되시리니 (룻 1:16).

룻이 이렇게까지 결심한 데에는 나오미의 신앙이 한몫했다. 물론 룻이라는 모압 여인은 언제까지나 며느리였지 나오미의 친딸은 아니었다. 그래서인지 성경을 보면, 나오미가 두 며느리를 가리켜 "내 딸들아"(룻 1:12) 하며 부르는 장면이 매우 인상 깊다. 이런 걸 보면, 당시 팔레스타인 문화가 우리 문화와 얼마나 유사한지 발견하게 된다. 따라서 룻을 인플루언서 딸의 롤 모델로 삼기에 전혀 손색이 없다.

> 이에 두 사람이 베들레헴까지 갔더라 (룻 1:19).

룻은 나오미를 자신의 친어머니처럼 모셨다. 모압에서 베들레헴까지의 여정은 두 여인이 감당하기에는 약간 버거운 여행이었다. 인종 차별과 언어 장벽 그리고 경제 활동의 제약도 모자라 향수병까지 더해지는 것이 이민 생활이다. 나오미의 입장에서 볼 때는 고향으로 돌아오는 것이지만, 룻의 입장에서 보면 고된 이민 생활의 시작이다.

이 모든 점을 감안하고 두 여자가 그 먼 길을 나서다니?

상상하는 것만으로도 걱정이 앞선다.

우리 가정 역시 타지 생활을 하면서 수많은 우여곡절을 겪었다. 그런데도 비교적 쉽게 적응할 수 있었던 것은 나이가 어린 탓도 있었겠지만, 항상 하나님께 기도하고 찬송을 부르고 십일조에 충실하고 선교 마인드가 투철하며 무엇보다 하나님 나라 개념이 뚜렷한 부모님 때문이었던 것 같다. 내가 그때 딸로서 할 수 있는 일이라고는 집안일에 힘을 보태는 등 부모님과 함께하는 것 외에는 별다른 것이 없었다.

이삭과 리브가는 두 아들을 두었다. 형 에서는 털이 많은 숙련된 사냥꾼이었던 반면에, 동생 야곱은 집에 있는 것을 좋아하는 차분한 사람이었다. 엄마가 자기 자식들을 놓고 서로 비교하는 것처럼 어리석은 것이 없다고들 말하지만, 어느 정도의 비교는 어쩔 수 없는 것 같다. 리브가의 입장에서 볼 때 지나치게 소극적이었던 둘째 아들은 근심의 대상이었을 수도 있다.

"아들, 너 또다시 식기 도구를 갖고 놀니?"
"야곱아, 너도 남자인데, 형처럼 들에 나가서 사냥 좀 해 보지 않을래?"
"얘야. 친구들도 사귀어서 같이 놀지 그래?
하루 종일 집에만 있으면 안 좋아."
그러나 리브가는 오히려 이런 야곱을 더 좋아했다고 성경은 진술한다.

> 이삭은 에서가 사냥한 고기를 좋아하므로 그를 사랑하고 리브가는 야곱을 사랑하였더라(창 25:28).

왜 리브가는 에서보다 야곱을 더 좋아했을까?
그 이유는 의외로 단순하다. 야곱이 항상 자기 곁에 있었기 때문이다. 나 역시 엄마가 되어 보니 가사 일을 함께하는 딸에게 정이 더 가게 된다는 것을 자연스럽게 터득했다. 결국 자기와 가장 많은 시간을 보내는 아들딸이 사랑을 받게 되어 있다.
그렇지 않은가?
같은 집에 살고 있어도 스마트폰을 손에 쥐고 자기만의 세상에 푹 빠져 방을 빠져나오지 않는 아들보다는 함께 만두피를 빚으며 이런저런 이야기꽃을 피우는 딸에게 정이 더 가기 마련이다. 부모의 사랑을 독차지하는 비결은 함께하는 것이다.
인플루언서 딸은 어렸을 때 자신이 돌봄을 받은 것처럼 이제는 부모를 돌봐 드려야 할 차례라는 인생의 사이클을 잘 알고 있기에 수시로 부모에게 연락하여 건강에 이상은 없는지, 구입해야 할 물품은 없는지, 불편한 점은 없는지 끊임없이 체크한다.

그런데 우리는 바쁘다는 핑계로 시골에 계신 부모님으로부터 간혹 "그새 의사 선생님이 이 약은 하루에 몇 알을 먹으라고 했지? 내가 적어놓는다는 걸 깜빡했구나" 하며 전화가 오면 "지금 바빠요" 하며 통화를 끊어버리기 일쑤다.

그러던 어느 날 부모님의 걷는 모습이 불안하고, 예전처럼 무거운 것을 들지 못하시고, 심지어 우리를 못 알아보실 때면 어린아이처럼 주저앉아 눈물을 터뜨린다. 그제야 '내가 조금 더 신경 써서 보살펴드릴걸' 하는 생각에 스스로 자책하며 괴로워한다. 부모가 노년에 이르게 되면, 성인 자녀가 오히려 부모를 부양해야 하는 상황이 된다.

결국에 남은 것이 무엇인가?

그동안 함께했던 소중한 시간뿐이다.

얼마 안 있어 세상을 떠난 부모의 자리에 텅 빈 공허함만 남는다.

> 범사에 기한이 있고 천하 만사가 다 때가 있나니 날 때가 있고 죽을 때가 있으며…(전 3:1-2).

"아빠, 아빠!"

"엄마, 엄마, 내 목소리 안 들려요?"

"여보세요?

저예요, 엄마 딸!"

그러나 전화선 너머에는 아무도 없다. 엊그제만 해도 카톡 쓰는 방법을 가르쳐 드린답시고 답답함에 티격태격했는데, 숫자 '1'이 사라지지 않는다. 그 순간 엄마 아빠는 더 이상 볼 수 없는 존재로서 하늘

나라에 가셨다는 것을 비로소 실감한다.

그리고 눈물을 훔치면서 그동안 함께했던 추억을 떠올려 본다. 아기였을 때, 초등학교에 입학했을 때, 사회에 나가 첫 직장을 구했을 때, 결혼해서 손녀딸을 안겨 드렸을 때 등 인생사를 회고하는 동안 부모님이 언제나 자기 곁에 계셨음을 새삼 깨닫게 된다.

이 밀려오는 후회를 어떡하란 말인가?

'같이 외출할 때마다 손을 잡아드릴걸.'

'엄마한테 사랑한다는 말을 한 번이라도 해 드렸으면 이렇게까지 눈물 나지는 않을 텐데….'

'아빠, 이렇게 좋은 날 아빠와 함께 있으면 얼마나 더 행복할까요?'

더 늦기 전에 부모님과 많은 시간을 보내라. 어쩌면 지금이 부모님과 이 세상에서 보내는 마지막 시간일지도 모른다. 아무리 바빠도 부모님에게는 항상 시간을 내어 드려라. 인플루언서 딸은 부모님께 시간과 정성을 바침으로써 선한 영향력을 끼친다.

> 네 부모를 공경하라 그리하면 네 하나님 여호와가 네게 준 땅에서 네 생명이 길리라 (출 20:12).

십계명 중 제5계명이다. 여기서 '공경'(恭敬)의 뜻은 '공손히 받들어 모시다'인데, 원어 성경에 보면 '카바드'(kabad)라고 표기되어 있다. 이 동사의 문자적 해석은 '소중히 여긴다'이다. 한편 신약성경에는 '티미'(time)라고 번역되어 있는데, 이는 '금처럼 귀하게 여기다'라는 의미이다.

솔직히 나는 스스로 인플루언서 딸이라고 자부하기에는 부족한 사람이다. 부모 공경에 대해서만큼은 남편의 모습을 보고서 한 수 배웠다. 평소에 무엇을 하고 있든 시부모님으로부터 전화가 오면 특별한 경우를 제외하고 바로바로 일을 처리한다.

'나중에 해도 되지 않나?'

'뭘 저렇게 서둘러서 나가나?'

이런 생각이 들 때도 있지만, 금처럼 귀하게 여긴다면 삶의 우선순위에서 부모는 최상위권에 있어야 한다.

알고 보면 부모 공경은 실현 불가능한 추상적인 개념이 아니라 일상에서 부모를 귀중히 여기는 태도다. 하나님은 우리에게 부모를 금처럼 귀하게 여길 것을 명하신다. 금처럼 귀하기 때문에 부모의 말 역시 금값이 되는 것이다. 부모가 살아 계시다면 지금부터라도 부모를 금처럼 귀하게 여기고 존중하라.

> 네 부모를 즐겁게 하며 너를 낳은 어미를 기쁘게 하라(잠 23:25).

반대로 신경을 쓰지 않고 무시하며 그냥 지나치는 것을 가리켜 성경은 곧 '멸시'(atimia)라고 가르친다. 멸시는 출애굽기 20:12 그리고 신명기 5:16에 위배되는 행위이며, 이는 함께하지 않는 구체적인 행동을 포함한다.

사도 바울은 이렇게 단언했다.

> 자기 가족을 돌보지 아니하면 믿음을 배반한 자요 불신자보다 더 악한 자니라 (딤전 5:8).

리브가가 야곱을 더 사랑했던 이유는 그가 항상 곁을 떠나지 않고 이야기보따리를 풀어놓으며 말동무가 되어 주었기 때문이다.

"엄마, 오늘 우리 뭐 해서 먹을 거예요?"

"마트에 가서 식빵과 팥을 좀 사다 드릴까요?"

"엄마는 식탁 정돈만 하세요. 설거지는 내가 할게요."

상황이 이렇다 보니 사랑하지 않을 수가 없다. 나는 '가끔 엄마에게 나는 어떤 딸이었을까' 하는 생각에 잠기곤 한다.

내 생각을 읽으셨는지 하루는 대수술 후 병원에서 회복 중이시던 엄마가 나의 이런 궁금증을 해소해 주셨다.

"은경아, 너는 내 마음에 평안을 주는 참 좋은 딸이구나."

이게 진실이라면, 내가 그동안 엄마 곁을 떠나지 않고, 부족하나마 엄마가 필요로 하는 것에 도움을 드리고, 같은 하나님을 섬겨서 그런 것이 아닐까 생각해 본다.

나는 우리 엄마를 통해 신앙을 배웠다. 엄마는 내가 하나님을 섬기는 일, 즉 주일성수를 하고, 십일조를 드리고, 사역의 길을 걸어가는 데 최상의 분위기를 만들어 주셨다. 엄마가 아니었더라면 오늘의 내가 있지 못했을 것이다.

나는 우리 엄마를 쏙 빼닮았다. 그래서인지 세월이 흐를수록 거울에 비친 내 모습이 엄마를 닮아 가는 것을 볼 때마다 "하나님, 우리 엄마의 딸로 태어나게 해 주셔서 감사합니다" 하는 기도를 드리곤 한다. 나는 엄마의 딸이어서 감사하고, 하나님을 섬길 수 있어서 너무나도 행복하고, 엄마와 함께 예배할 수 있어서 참 좋다.

어머니의 하나님이 나의 하나님이 되시리니 (룻 1:16).

제11장

축복의 통로

> 그의 말이 나로 베는 자를 따라 단 사이에서 이삭을 줍게 하소서 하였고 아침부터 와서는 잠시 집에서 쉰 외에 지금까지 계속하는 중이니이다 (룻 2:7).

'물은 위에서 아래로 흐른다'는 옛말이 있는데, 이 말은 우리 기독교 신앙의 축복이라는 개념과 일맥상통한다. 이를테면 부모가 자녀를 축복하는 것 말이다. 지혜자는 "집과 재물은 조상에게서 상속하거니와"(잠 19:14)라고 귀띔했고, 특히 재산 상속에 관해 사도 바울은 "어린 아이가 부모를 위하여 재물을 저축하는 것이 아니요 부모가 어린 아이를 위하여 하느니라"(고후 12:14)라고 가르쳤다.

물론 축복을 소유물로만 축소해 이해하는 것은 바람직하지 못하다. 이를 볼 때 우리가 태어날 때부터 받은 보호는 얼마짜리 보험인가? 어른이 되도록 엄마가 해 주신 음식을 돈으로 환산하면 얼마인가? 신앙의 유산까지 물려받았다면, 이를 어떻게 갚을 수 있단 말인가? 부모의 은혜는 돈 주고도 살 수 없는, 말로 표현 못 할 그 무엇이다. 카리스 은혜, 바로 그거다!

받을 자격이 없는 자에게 주어지는 것. 이 세상에서 부모의 은혜를 능가할 유일한 축복은 하나님의 끝없는 아가페 사랑뿐이다. 그래서인지 하나님은 스스로를 '파더'(father), 즉 아버지라고 하셨다.

> 나는 그에게 아버지가 되고 그는 내게 아들이 되리니(삼하 7:14).

> 내가 여호와의 명령을 전하노라 여호와께서 내게 이르시되 너는 내 아들이라 오늘 내가 너를 낳았도다(시 2:7).

> 너희가 악한 자라도 좋은 것으로 자식에게 줄 줄 알거든 하물며 하늘에 계신 너희 아버지께서 구하는 자에게 좋은 것으로 주시지 않겠느냐(마 7:11).

자녀에게 부모는 주고 또 주고도 아까워하지 않는 은혜를 상징한다. 이렇듯 부모는 자녀에게 엄청난 축복이다. 머나먼 이국 땅에서 자신을 무작정 따라 나온 딸이나 다름없는 룻에게 나오미는 어떻게 해서든 축복의 통로가 되어 주어야겠다고 생각했다.

> 내 딸아 내가 너를 위하여 안식할 곳을 구하여 너를 복되게 하여야 하지 않겠느냐(룻 3:1).

여기서 '복되게 하다'는 히브리어을 문자적으로 번역하면, '축복이 되다'(be a blessing)라는 뜻이다. 우리말로는 다소 어색해, '축복의 통로가 되다'는 표현이 우리 정서에는 더 어울리는 것 같다.

망해서 베들레헴으로 돌아온 형편이었지만, 모든 엄마가 그러하듯 나오미 역시 딸이나 다름없는 룻에게 축복의 통로가 되어 주고 싶었다. 그런 거 보면 엄마는 세월이 흘러도 엄마인가 보다. 나의 엄마 눈에는 아직 내가 철없는 어린아이로 보이는지 지금도 같은 말을 반복하신다.

"은경아, 밥은 먹었니?

뭘 먹었니?

소화는 잘되니?"

"추우니까 두텁게 입고 나가라. 요즘 환절기라 목 조심하고…."

"애들은 잘 있니?

먹고 싶은 거 없어?

김치 해 놓았으니까 시간 날 때 가져가고."

내가 여기서 진짜로 하고 싶은 말은 정반대다. 때로 중력을 거슬러 물이 아래서 위로 흐르기도 한다. 남극에 이런 현상이 나타나곤 하는데, 이는 급수압 때문이라고 한다. 알고 보면 파도, 조류, 쓰나미 등은 물이 중력을 거스르는 흔한 예라고 한다. 즉, 부모가 자녀에게 축복의 통로가 되듯 우리 자녀들이 부모에게 얼마든지 복덩이가 될 수 있다는 이야기이다. 그러므로 당신도 축복의 물이 거꾸로 흐르게 하라.

시편 기자도 이렇게 말하지 않았던가?

> 자식들은 여호와의 기업이요 태의 열매는 그의 상급이로다 (시 127:3).

자녀가 부모에게 축복의 통로가 되는 방법은 무엇인가?

첫째, 부지런함이다.

잠언을 보면, 슬기로운 여인의 덕목 중에 하나가 부지런함이라고 했다.

자기의 장사가 잘 되는 줄을 깨닫고 밤에 등불을 끄지 아니하며 (잠 31:18).

모압 여인 룻은 팔짱을 낀 채 무작정 기다리지 않았다. 복을 받는 방법에는 샛길이 없다. 하나님은 우리가 손으로 하는 일에 복을 주신다고 했다. 땀 흘려 씨앗을 심으면 열매를 추수할 수 있는 복을 받는다. 베들레헴에 이민 온 룻은 다음과 같이 자신의 형편을 한탄하며 원망했을 수도 있다.

"이 나라 말은 하도 특이해서 하나도 못 알아듣겠어."
"내가 걱정할 건 또 뭐야?
시어머니가 어떻게 하시겠지, 뭐."
"돈 어디 쉽게 벌 수 있는 방법 없을까?"

그러나 룻은 부지런한 까닭에 낯선 곳에서도 밭에 나가 이삭을 줍기 시작했고, 이를 본 보아스가 누구냐고 묻자 한 사환이 이렇게 대답했다.

이는 나오미와 함께 모압 지방에서 돌아온 모압 소녀인데 그의 말이 나로 베는 자를 따라 단 사이에서 이삭을 줍게 하소서 하였고 아침부터 와서는 잠시 집에서 쉰 외에 지금까지 계속하는 중이니이다 (룻 2:6-7).

특히 나이가 어린 자녀가 부모에게 할 수 있는 일은 매우 한정적일 수밖에 없다.

열 살 된 아들이 손으로 집어 올릴 수 있는 무게는 얼마일까?
세 살배기 딸이 해 주는 등 마사지의 효과는?

이제 첫 아르바이트를 시작한 대학생이 벌 수 있는 시급은 또 얼마일까?

귀엽고 기특하다는 생각에 그저 얼굴에 미소가 번진다. 일에 따른 효율성이 있어서가 아니라 무엇인가를 해 준다는 것에 의미부여를 하기 때문이다. 최소한 그 한계를 누구보다 잘 알고 있는 부모는 그렇다.

둘째 아이는 나와 만두 빚는 것을 매우 좋아한다. 물론 내가 10개 만들 때 1개를 만드는 수준이다. 그러나 나는 둘째의 어설픈 만두 빚는 실력을 탓하기보다는 도와주겠다고 앞치마를 입고 양팔 소매를 걷어붙일 때 그리고 요리하는 과정에서 나와 말동무가 되어 줄 때가 너무 행복하다.

하나님은 우리의 부지런함을 보고만 있지 않고 반드시 축복하신다. 이삭을 줍는 룻을 지켜본 보아스는 그녀의 수고가 결코 헛되지 않게 도움의 손길을 내밀었다.

> 네 겉옷을 가져다가 그것을 펴서 잡으라 하매 그것을 펴서 잡으니 보리를 여섯 번 되어 룻에게 지워 주고 성읍으로 들어가니라 (룻 3:15).

여기서 '여섯 번 되어 지워 주었다'는 말은 곧 20킬로그램에 해당하는 어마어마한 중량을 가리킨다. 이로써 룻은 나오미에게 크나큰 축복의 통로가 되었다.

나오미는 본래 베들레헴으로 돌아오자마자 전능자가 심히 괴롭혔다는 이유로 자기를 '마라'(쓴 물이라는 뜻)라 칭하라고 하지 않았던가?(룻 1:20)

그런데 룻 덕에 이렇게 큰 복을 받다니!

상상을 초월하는 은혜였다. 이와 같이 자녀들 역시 부모에게 축복의 통로가 될 수 있다.

둘째, 순종이다.

순종은 신앙의 소중한 덕목 중 하나다. 사도 바울의 교훈을 보자.

> 자녀들아 주 안에서 너희 부모에게 순종하라 이것이 옳으니라(엡 6:1).

> 자녀들아 모든 일에 부모에게 순종하라 이는 주 안에서 기쁘게 하는 것이니라(골 3:20).

나는 어릴 적부터 어머니로부터 걷는 법을 배웠다. 그래서인지 사람들은 내가 톱 모델처럼 걷는다고 늘 극찬한다. 조금의 흐트러짐도 용납하지 않은 엄마는 항상 내 자세를 지적했다.

"허리를 펴야지."

"똑바로 멀리 보고 걷고…."

"네 앞에 중앙선이 있다고 상상하고 걸어야지."

솔직히 말해 엄마의 잔소리가 너무 싫었다.

걷는 것까지 지적을 받다니!

그런데 '엄마 말 잘 들으면 자다가도 떡이 생긴다'는 우리 속담도 있지 않은가?

그렇게 사소한 것까지 순종할 필요는 없다고 생각하는 이들도 분명히 있을 것이다. 그렇기 때문에 힘든 것이다.

10억짜리 자기앞 수표를 유산으로 물려주겠다는데, 어느 아들딸이 이를 마다하겠는가?

때로 왜 나에게 이런 일을 시키시는지 의문이 들 때가 있다. 룻도 부당한 요구라고 생각한 나머지 얼마든지 이에 대해 반기를 들었을 수도 있다.

> 너는 목욕하고 기름을 바르고 의복을 입고 타작 마당에 내려가서 그 사람이 먹고 마시기를 다 하기까지는 그에게 보이지 말고 그가 누울 때에 너는 그가 눕는 곳을 알았다가 들어가서 그의 발치 이불을 들고 거기 누우라 그가 네 할 일을 네게 알게 하리라 (룻 3:3-4).

언뜻 보면 잘 이해되지 않는 부분이다. 당시의 히브리 사회에는 고엘 제도라는 것이 있었다. 이는 공동체 구성원이 서로의 생명과 재산 및 가문을 보호하기 위한 하나의 상호 보호 제도로서, 만일 어느 한 히브리인이 생명이나 재산을 잃게 되면 미망인과 가장 가까운 친족이 이를 구속한다는 의미에서 무르는 법적 의무를 지니게 되었다.

나오미의 경우에는 다른 친족이 있긴 했으나 자기 기업에 손해가 있을 수 있다는 핑계로 책임을 회피했다(룻 4:3-6). 이로써 보아스는 엘리멜렉에게 있던 모든 것을 나오미의 손에서 사게 되었고, 룻을 아내로 맞이함으로써 죽은 자의 기업을 그의 이름으로 세울 수 있는 법적 권리를 획득했다(룻 4:9-10).

여기서 요점은 나오미가 이런 제안을 했을 때 고엘 제도가 무엇인지 알 리가 없었던 룻이 이를 받아들였다는 것이다.

어머니의 말씀대로 내가 다 행하리이다 (룻 3:5).

셋째, 기쁨이다.

성경은 우리에게 부모를 즐겁게 하며 우리를 낳으신 어머니를 기쁘게 하라고 명한다 (잠 23:25).

엄마가 만 67세 때 간에 두 개의 포충낭(hydatid cyst)이 발견된 적이 있었다. 포충증은 일종의 간 낭종으로서 초기에 발견하면 약 복용으로 간단하게 치료 가능한 질환인데, 통증을 호소해도 담당 내과 의사는 이를 수년간 스트레스성 위염으로 오진하곤 했다. 순간 화가 치밀었다. CT 촬영을 한 결과 간 낭종은 이미 7센티미터 정도로 커졌기 때문에 간 일부분을 절단하는 대수술을 받으셔야만 하는 상황이었다.

'엉터리 의사 같으니라고!'

'포충낭을 소화 불량이라고 하다니!'

'이 나이에 수술받으시다가 하늘나라 가시기라도 하면 어떡하지?'

하늘이 무너질 것만 같았다. '피가 거꾸로 솟는다'는 말을 이럴 때 하는가 보다 싶었다. 내가 딸로서 할 수 있는 일이라고는 전국 최고의 간 전문의를 찾아가 수술을 맡기는 것뿐이었다. 그는 간 이식 수술에 해당하는 대수술이라고 거듭 강조했다.

수술 당일 나는 병원 복도에서 꼬박 8시간을 보냈다. 생각보다 힘들었지만, 성공적으로 수술을 마쳤다고 전해 들었다. 중환자실에 있는 엄마를 위해 내가 할 수 있는 일이라고는 기도 외에 아무것도 없었다.

"하나님, 의식이 빨리 돌아와 두 딸과 사위, 두 손녀딸로부터 더 많은 효도를 받을 수 있도록 엄마를 살려 주세요."

얼마 안 있어 엄마는 준중환자실로 옮겨졌고, 이로써 나는 침대에 누워 계신 엄마를 드디어 볼 수 있게 되었다. 24시간 내내 언니와 나는 번갈아 가며 엄마를 돌보아 드렸다.

"엄마, 뭐 필요한 것 없어요?"

"에어컨 온도 좀 높일까?"

"간호사 불러 드려요?"

입술을 겨우 얼버무리는 엄마의 말을 이해하기란 쉽지 않았지만, 그때 들은 말이 내 마음을 찔렀다.

"은경아!

너는 내 마음에 평안을 주는 참 좋은 딸이구나!"

이뿐 아니라 그때 1살 반밖에 되지 않은 둘째가 할머니 곁에 다가가서 마사지하는 시늉을 하고, 같이 식사를 하자고 손을 잡아당기는 등 재롱을 피자 엄마가 활짝 웃으셨다.

'고작 이런 것으로 엄마가 이렇게 좋아하시다니?'

알고 보면 부모들은 얼마나 작은 것으로 행복해하시는지 모른다. 화기애애한 분위기와 밝은 성격 때문이었는지 우리 엄마는 엄청 빠른 회복세를 보이셨다. 그래서인지 지금도 간 상태를 체크받기 위해 병원에 가실 때면 직원들로부터 유명 인사 수준의 대접을 받으신다.

"어서들 이리 와 보세요!

이분이 지금 연세가 75세이신데, 우리 병원에서 수술받고 지금 이렇게 건강하시대요. 이분이 바로 그분이에요!"

"너는 낳기만 해. 내가 알아서 키워 줄게!"

이 말이 수 천 년 전에 나오미가 룻에게 한 말이라면 당신은 믿겠는가?

룻은 나오미에게 손자 아들을 안겨 줌으로써 효도했는데, 할머니가 얼마나 좋아했으면 아기를 받아 품에 품고 양육자가 되었다고 성경이 증언했을까?(룻 4:16)

곧이어 나타나는 여인들의 노래를 주목하라.

> 찬송할지로다 여호와께서 오늘 네게 기업 무를 자가 없게 하지 아니하셨도다 이 아이의 이름이 이스라엘 중에 유명하게 되기를 원하노라 이는 네 생명의 회복자이며 네 노년의 봉양자라 곧 너를 사랑하며 일곱 아들보다 귀한 네 며느리가 낳은 자로다(룻 4:14-15).

나오미에게 룻이 얼마나 큰 기쁨이 되었으면 여인들이 일곱 아들보다 며느리가 낫다고 했겠는가?

이렇듯 자녀들 역시 부모에게 큰 축복의 통로가 될 수 있다.

그러므로 맡은 일에 충성을 다하라. 작은 일에도 부모님께 순종하라. 엄마 아빠의 마음을 기쁘게 해 드리라. 그러면 하나님이 예비하신 상급을 받게 될 것이다. 인플루언서 딸은 물을 거꾸로 흐르게 하여 부모에게 축복의 통로가 된다. 한평생 부모로부터 축복을 받았다면, 이제부터는 당신이 축복의 통로가 되라.

제12장

여호와께서 상 주시기를 원하노라

> 보아스가 그에게 대답하여 이르되 네 남편이 죽은 후로 네가 시어머니에게 행한 모든 것과 네 부모와 고국을 떠나 전에 알지 못하던 백성에게로 온 일이 내게 분명히 알려졌느니라 여호와께서 네가 행한 일에 보답하시기를 원하며 이스라엘의 하나님 여호와께서 그의 날개 아래에 보호를 받으러 온 네게 온전한 상 주시기를 원하노라 하는지라 (룻 2:11-12).

자기 밭에 이삭을 주우러 온 모압 여인이 다름 아닌 나오미의 며느리임을 알게 되자, 보아스는 룻에게 다른 밭에 가지 말고 목이 마르면 그릇에 가서 소년들이 길어 온 것을 마시라고 귀띔해 준다 (룻 2:8-9). 이를 의아하게 생각한 룻이 왜 이방 여인에게 은혜를 베풀고 돌보느냐고 묻자 보아스는 이렇게 답했다.

> 여호와께서 그의 날개 아래에 보호를 받으러 온 네게 온전한 상 주시기를 원하노라 (룻 2:12).

우리가 섬기는 이스라엘의 하나님은 상급을 주시는 분이다. 히브리서 기자도 믿음의 장에서 이 같은 하나님의 속성을 언급했다.

> 믿음이 없이는 하나님을 기쁘시게 하지 못하나니 하나님께 나아가는 자는 반드시 그가 계신 것과 또한 그가 자기를 찾는 자들에게 상 주시는 이심을 믿어야 할지니라(히 11:6).

첫째 아이가 여섯 살 때 있었던 일이다. 태어날 때부터 디지털카메라를 다루어서 그런지 터치에 익숙해 있던 아이는 태블릿 PC를 너무나 갖고 싶어 했다. 학교에서도 모범생으로서 최고의 성적을 받아오는 등 생일 선물로 태블릿 PC를 받을 만한 자격이 있었다.

일곱 번째 생일을 맞이하던 날 남편은 아니나 다를까 태블릿 PC를 구입했고, 나에게 건네주면서 초콜릿 박스인 것처럼 포장을 다시 해 줄 수 있느냐고 부탁했다. 방과 후 케이크를 앞에 놓고 생일 축하 노래를 불러 준 후 선물을 건네주었다.

초콜릿이라고 미리 말해 줘서 그런지 아이는 별 기대를 하지 않는 눈치였다.

그런데 이게 웬 태블릿 PC?

순간 입이 찢어질 만큼 좋아했다. 그리고 곧바로 일어나 아빠를 힘껏 안았다.

"어머!"

"내가 얼마나 갖고 싶어 했다고요!"

"아빠, 비행기 타고 이거 사 오셔서 감사합니다."

지금도 이 동영상을 볼 때마다 하나님도 우리에게 무엇인가를 주실 때 우리가 환하게 웃고 행복해하는 모습을 보며 얼마나 기뻐하실까 생각하곤 한다. 하나님은 좋으신 아버지이기에 생선 대신에 뱀을 주시며, 알 대신에 전갈을 주시는 분이 아님을 알아야 한다(눅 11:11-12).

여호와는 선하시고 그의 인자하심이 영원하기 때문에 복을 주실 때도 그 복이 천대까지 이르게 하신다.

룻은 그저 나오미의 말대로 전능자의 날개 아래에 보호를 받으러 온 것뿐이었다.

그런데 하나님이 이렇게까지 복을 주실 것이라고 누가 상상이나 했겠는가?

이것이 바로 하나님을 사랑하는 자들에게 예비된 축복이다. 이것은 단순한 임신과 출산이 아니었다. 성문에 있는 모든 백성과 장로가 한 말을 유의해서 읽어 보라.

> 우리가 증인이 되나니 여호와께서 네 집에 들어가는 여인으로 이스라엘의 집을 세운 라헬과 레아 두 사람과 같게 하시고 네가 에브랏에서 유력하고 베들레헴에서 유명하게 하시기를 원하며 여호와께서 이 젊은 여자로 말미암아 네게 상속자를 주사 네 집이 다말이 유다에게 낳아준 베레스의 집과 같게 하시기를 원하노라 (룻 4:11-12).

라헬과 레아는 이스라엘 민족의 초석이 되는 열두 아들을 낳은 여인들이 아닌가?

룻은 자신이 미처 생각지도 못한 하나님의 계획에 들어가 있었다. 보아스로부터 은혜를 받았을 때만 해도 룻은 그저 먹고는 살 수 있겠다는 생각을 했을 것이다. 그러나 출산함으로써 시어머니 나오미의 쓴 뿌리를 기쁨으로 변화시켰을 뿐만 아니라, 이스라엘 역사에 없어서는 안 될 인물이 된 것이다.

여기서 잠시, 룻은 모압 여인이 아니었던가?

내가 알기로는 모압은 아버지 롯과 그의 큰딸이 동침해 낳은 자식의 민족인데, 이건 정말 앞뒤가 안 맞는다. 성경을 보자.

> 큰 딸은 아들을 낳아 이름을 모압이라 하였으니 오늘날 모압의 조상이요 (창 19:37).

근친상간의 결과일 뿐만 아니라, 율법에도 모압 사람들은 저주를 받았다고 분명히 명시되어 있다.

> 암몬 사람과 모압 사람은 여호와의 총회에 들어오지 못하리니 그들에게 속한 자는 십 대뿐 아니라 영원히 여호와의 총회에 들어오지 못하리라 (신 23:3).

한 줄로 요약하면, 모압은 저주를 상징한다. 그러나 모압 여인 룻은 순종을 통해 그 저주를 축복으로 바꾸었고, 이로써 하나님은 룻을 다윗 왕의 증조할머니가 되게 하셨다.

> 그의 이웃 여인들이 그에게 이름을 지어 주되 나오미에게 아들이 태어났다 하여 그의 이름을 오벳이라 하였는데 그는 다윗의 아버지인 이새의 아버지였더라 (룻 4:17).

마태복음 1장에 예수 그리스도의 계보가 상세하게 소개된다. 아브라함으로부터 시작한 저자 마태는 그리스도에 이르기까지 여러 이름을 거론할 때 중간쯤에 와서 이렇게 표기한다.

살몬은 라합에게서 보아스를 낳고 보아스는 룻에게서 오벳을 낳고 오벳은 이새를 낳고 이새는 다윗 왕을 낳으니라 (마 1:5-6).

'어른 말을 잘 들으면 자다가도 떡이 생긴다'고 했는데, 룻은 상상을 초월한 상급을 받게 된 것이다. 이것이 진짜 놀라운 일이다.
그렇다면 성경이 인플루언서 딸들에게 약속하는 상급은 무엇인가? 여기에는 두 가지가 있다.

첫째, '긴 생명'(long life)이다.

네 부모를 공경하라 그리하면 네 하나님 여호와가 네게 준 땅에서 네 생명이 길리라 (출 20:12).

이 말씀이 계시로 주어졌을 당시는 오늘날처럼 100세 시대가 아니었기 때문에 기나긴 생명은 축복과 직결되어 있었다. 게다가 전쟁, 질병, 기근의 위험이 항상 도사리고 있었으므로 사람이 보다 쉽게 죽었던 시대였다. 그래서인지 지혜자는 살아 있는 것 자체가 중요하다고 증언했다.

모든 산 자들 중에 들어 있는 자에게는 누구나 소망이 있음은 산 개가 죽은 사자보다 낫기 때문이니라 (전 9:4).

요지는 일단 살고 보자는 것이었다.

'네 생명이 길리라' 하는 복을 인간 평균 수명이 길어진 21세기에 적용하는 데에는 어려움이 있다. 이 때문에 나는 여러 주석서를 찾아보았다. 결론부터 말하면, 학자들은 대체적으로 이 본문을 '가장 중요한 것'(the most important thing)으로 재해석하고 있었다.

그렇다면, 내 인생에서 가장 중요한 것은 무엇인가?

생각할 필요도 없이 예수님이시다. 요한복음 14:16도 보면, 예수님이 곧 생명이라고 나온다. 예수님의 말씀 역시 생명이다(요 6:63).

우리 엄마는 1907년 평양 대부흥 운동 때 기독교 신앙을 받아들이셨다. 알고 보니 우리 시부모님 역시 그때 은혜를 받고 예수님을 영접하셨다고 한다. 6.25 전쟁이 터지면서 남한으로 피난 오셔서 아빠를 만나 내가 심(沈) 가에 차녀로 태어난 것이다.

누군가 내게 무엇이 가장 큰 상급인지를 묻는다면, 나는 1초의 망설임 없이 어머니의 하나님을 알게 된 것이라 말하고 싶다.

이것이 바로 룻의 신앙이 아니었던가?

> 어머니의 백성이 나의 백성이 되고 어머니의 하나님이 나의 하나님이 되시리니(룻 1:16).

둘째, '잘되는 것'(go well)이다.

> 너는 네 하나님 여호와께서 명령한 대로 네 부모를 공경하라 그리하면 네 하나님 여호와가 네게 준 땅에서 네 생명이 길고 복을 누리리라(신 5:16).

잘되는 것은 영적으로, 지적으로, 정서적으로, 육체적으로, 물질적으로, 사회적으로 등 형통한 것을 가리킨다. 하나님은 만복의 근원이시기에 그분이 함께하시지 않으면 우리는 결코 범사에 잘될 수가 없다. 물론 우리가 생각하는 잘됨과 세상이 제시하는 잘됨은 다르다. 그런 의미에서 고난이 때로는 축복일 수 있다. 그러나 형통은 하나님을 섬기는 자녀가 반드시 누려야 할 복임이 틀림없다. 이삭을 위해 아내를 찾으러 나선 아브라함의 종은 형통을 위해 기도했다.

우리 주인 아브라함의 하나님 여호와여 원하건대 오늘 나에게 순조롭게 만나게 하사 내 주인 아브라함에게 은혜를 베푸시옵소서(창 24:12).

사도 요한 역시 가이오에게 하나님의 마음을 담아 다음과 같이 글을 썼다.

사랑하는 자여 네 영혼이 잘됨 같이 네가 범사에 잘되고 강건하기를 내가 간구하노라(요삼 1:2).

과연 하나님은 나에게 범사에 잘되는 은혜를 주셨다. 인플루언서 엄마로서, 사역자로서, 아내로서 그리고 딸로서 나는 이루고 싶었던 것을 다 이루었다. 내가 이렇게까지 잘될 줄은 꿈에도 몰랐다.
'지금까지 지내 온 것 주님의 은혜라!'
나는 두 딸을 양육하는 인플루언서 엄마다.
첫째 딸은 내 외모를 닮았고, 둘째 딸은 내 성품을 타고났다.
남편의 입장에서 보면 좀 다르다.

첫째 딸은 자기 두뇌를 물려받았고, 둘째 딸은 자기 얼굴을 빼닮았다고 좋아한다.

하루는 엄마와 나 그리고 첫째 아이가 소파에 앉아 TV를 시청하고 있었는데, 남편이 한참이나 응시하더니 이렇게 소리쳤다.

"3세대가 똑같이 생겼네!"

나는 엄마를 닮았고, 첫째 아이가 내 얼굴과 똑같다고 하니 얼마나 행복한 일인가?

엄마도 딸 둘을 낳으셨고, 나 역시 딸 둘을 두었으니 이보다 더 닮을 수는 없다는 생각이다. 내가 요게벳처럼 인플루언서 엄마 노릇을 할 수 있었던 것은 착한 두 딸 덕분이다. 하나님의 말씀으로 이 아이들을 양육하는 것은 크나큰 축복이다.

나는 한 교회의 사모로 하나님의 일을 하는 인플루언서 사역자다. 전통적인 사모상은 예배실 뒷좌석에 앉아 교회의 많은 시어머니의 눈치를 보는 것인데, 귀한 성도들을 만난 덕분에 나는 드보라같이 마음껏 사역할 수 있어서 기쁘고 감사하다. 외부 강연을 나가는 등 우리 교회의 담벼락을 뛰어넘는 사역을 하리라고는 생각지도 못했는데, 이 모든 것이 하나님의 은혜다.

나는 남편을 섬기고 있는 인플루언서 아내다. 하나님은 너무나도 귀한 사람을 만나게 해 주셨다. 남편은 나의 가장 좋은 친구이다. 내가 사라와 같이 내일에 대한 꿈과 희망을 품는 인생을 살 수 있게 된 것은 우리 남편이 아브라함과 같은 믿음의 사람이기 때문이다. 나는 그의 설교를 통해 하나님의 음성을 듣는다. 학생 시절 나는 마음에 안 드는 키 작은 사람과 결혼하게 될 것이라는 부정적인 생각을 갖고 있었다. 그러나 하나님은 모든 절망을 희망으로 변화시켜 주셨고, 구하고 생각한 것보다 더 넘치도록 역사하셨다.

  나는 기독교 가정에서 태어난 인플루언서 딸이다. 우리 아빠는 시대를 앞서는 멋지고 흠 없는 신사셨고, 우리 엄마는 품위가 넘치고 모든 사람에게 아량을 베풀 줄 아시는 분이다. 내가 룻처럼 사소한 일에도 순종할 수 있었던 것은 이같이 멋진 아빠와 사랑 넘치는 엄마 덕분이다.

  이 모든 것을 고려해 볼 때 나는 하나님이 상 주시고 잘되게 하셨음을 의심할 수가 없다. 마지막으로 나는 우리 엄마가 늘 나를 위해 하시는 기도 그리고 내가 우리 두 딸을 위해 드리는 기도를 읊으면서 이 책을 마치고 싶다. 물론 이 기도는 당신과 같은 인플루언서를 위해서도 내가 하나님께 드리는 기도다. 잠시 두 눈을 감고 함께 기도하자.

    여호와께서 … 온전한 상 주시기를 원하노라 (룻 2:12).

에필로그

　1992년 어느 날 성경을 읽으면서 나는 난생처음 잠언의 현숙한 여인에 관한 말씀을 접했다. 그때부터 나는 인생을 허비하지 않겠노라고 굳게 다짐했고, 하나님께 이런 여성이 되게 해 달라고 매일같이 간구했다. 이 기도는 오늘날에도 지속하고 있고, "내가 이미 얻었다 함도 아니요 온전히 이루었다 함도 아니라"(빌 3:12) 하는 사도 바울의 고백처럼 아마도 천국 가는 그날까지 평생의 기도 제목이 될 것이다.
　요게벳은 인플루언서 엄마로서, 드보라는 인플루언서 사역자로서, 사라는 인플루언서 아내로서 그리고 룻은 인플루언서 딸로서 한 시대에 큰 획을 그은 영향력 있는 여성들이다. 이같이 하나님은 각 시대와 다양한 콘텍스트 안에서 여성들을 들어 사용하셨다는 것이 이 책의 요지다.
　1인 가구 시대를 살아가고 있는 우리에게 어쩌면 이 네 가지 역할이 전부 주어지지 않을 수도 있다. 당신에게 어떤 역할이 주어지든 이 책에서 언급된 인플루언서 여성들과 같이 주어진 영향력의 틀 안에서 믿음의 의미 부여를 하라. 포스트 코로나 시대를 맞이하여 지구촌이 뉴노멀에 적응하고 있어 시국이 어수선하고 무질서한 이때 하나님의 시선은 당신을 향하고 있다.
　당신은 이 시대에 선택을 받은 인플루언서 여성이다!

누가 현숙한 여인을 찾아 얻겠느냐 그의 값은 진주보다 더하니라 그런 자의 남편의 마음은 그를 믿나니 산업이 핍절하지 아니하겠으며 그런 자는 살아 있는 동안에 그의 남편에게 선을 행하고 악을 행하지 아니하느니라 그는 양털과 삼을 구하여 부지런히 손으로 일하며 상인의 배와 같아서 먼 데서 양식을 가져 오며 밤이 새기 전에 일어나서 자기 집안 사람들에게 음식을 나누어 주며 여종들에게 일을 정하여 맡기며 밭을 살펴 보고 사며 자기의 손으로 번 것을 가지고 포도원을 일구며 힘 있게 허리를 묶으며 자기의 팔을 강하게 하며 자기의 장사가 잘 되는 줄을 깨닫고 밤에 등불을 끄지 아니하며 손으로 솜뭉치를 들고 손가락으로 가락을 잡으며 그는 곤고한 자에게 손을 펴며 궁핍한 자를 위하여 손을 내밀며 자기 집 사람들은 다 홍색 옷을 입었으므로 눈이 와도 그는 자기 집 사람들을 위하여 염려하지 아니하며 그는 자기를 위하여 아름다운 이불을 지으며 세마포와 자색 옷을 입으며 그의 남편은 그 땅의 장로들과 함께 성문에 앉으며 사람들의 인정을 받으며 그는 베로 옷을 지어 팔며 띠를 만들어 상인들에게 맡기며 능력과 존귀로 옷을 삼고 후일을 웃으며 입을 열어 지혜를 베풀며 그의 혀로 인애의 법을 말하며 자기의 집안 일을 보살피고 게을리 얻은 양식을 먹지 아니하나니 그의 자식들은 일어나 감사하며 그의 남편은 칭찬하기를 덕행 있는 여자가 많으나 그대는 모든 여자보다 뛰어나다 하느니라 고운 것도 거짓되고 아름다운 것도 헛되나 오직 여호와를 경외하는 여자는 칭찬을 받을 것이라 그 손의 열매가 그에게로 돌아갈 것이요 그 행한 일로 말미암아 성문에서 칭찬을 받으리라 (잠 31:10-31).